Mejor sin plástico

Mejor sin plástico

Guía para llevar una vida sostenible

Texto e ilustraciones de
Yurena González Castro

Primera edición en esta colección: enero de 2019
Segunda edición: marzo de 2019

© Yurena González Castro, 2019
© de las ilustraciones del interior, Yurena González Castro, 2019
© de la presente edición: Plataforma Editorial, 2019

Plataforma Editorial
c/ Muntaner, 269, entlo. 1ª – 08021 Barcelona
Tel.: (+34) 93 494 79 99 – Fax: (+34) 93 419 23 14
www.plataformaeditorial.com
info@plataformaeditorial.com

Depósito legal: B. 29.751-2018
ISBN: 978-84-17622-16-9
IBIC: VS

Printed in Spain – Impreso en España

Diseño de portada:
Ariadna Oliver

Realización de cubierta y fotocomposición:
Grafime

Impresión:
Estellaprint - Unigraf
Móstoles (Madrid)

Dedicado a ti y a todas las personas que,
a pesar de las adversidades, son perseverantes
en su lucha por un mundo mejor

Índice

Agradecimientos |

Gracias a mis maestros espirituales por mostrarme el camino y enseñarme a caminar con paso firme y decidido. Gracias a todas las personas que han formado parte de mi vida en algún momento, todas y cada una de vosotras habéis sido importantes para poder llegar hasta aquí. A mi madre, gracias por tu sonrisa y por enseñarme valores tan importantes como el respeto, el agradecimiento, el avanzar sin apego y sin mirar atrás, y a hacer las cosas con sinceridad sin esperar nunca nada a cambio. A mis hermanos, gracias por ser parte de mi vida y animarme siempre a avanzar sin miedo, he aprendido más de vosotros de lo que podáis imaginar. Gracias especialmente a mi marido, a mi hijo y a mi hija, nunca imaginé que podría ser parte de un equipo tan bonito, gracias por vuestro apoyo incondicional, por las sonrisas y abrazos, y por enseñarme a vivir, nada sería posible sin vosotros. A mis amigos y amigas por creer en mí y apoyarme hasta el final. Gracias a Isa por haber sido una pieza clave en el nacimiento de este proyecto, a Plataforma Editorial por materializar este sueño, y en especial a Anna por ayudarme a darle forma a este libro con tanto cariño y profesionalidad.

Introducción |

A menudo escucho decir que una sola persona no puede cambiar el mundo, sin embargo, muchos de los grandes cambios que ha vivido y sigue viviendo nuestra historia han sido promovidos inicialmente por una sola persona. Aunque nadie tiene la capacidad ni el poder de cambiar a otra, sí que puede influir en ella para que el cambio lo haga por sí misma, tiene el poder de influir en otros y provocar una reacción en cadena que nos lleve a un cambio masivo en el mundo.

Este libro va precisamente de cambios, de dentro hacia fuera, y viceversa. Cambios que perduren, que lleguen a formar parte de nosotros mismos y que nos permitan transformar nuestra manera de vivir e influir positivamente en nuestro entorno. Un simple cambio de hábito puede revolucionar nuestro interior y llevarnos a gestos mayores, y una toma de conciencia puede materializarse en un gran cambio y transformar nuestra percepción del mundo y la de quien nos rodea.

Ese ha sido uno de los grandes descubrimientos para mí: darme cuenta de cómo un hecho aparentemente tan superficial como podría ser reducir la basura que generaba se convertía en algo tan profundo que transformaría mi vida, mi manera de pensar y actuar. Durante parte de mi vida he vivido con la sensación de que había un cierto desequilibrio e incoherencia entre lo que sentía, lo que pensaba, lo que decía y lo que hacía. Por un lado, desde los veinte años, he centrado mis esfuerzos en desarrollar el altruismo, el agradecimiento, el amor por todo cuanto existe y la importancia de proteger nuestro único sustento de vida: la naturaleza. Pero, por otro lado, vivía en mi nube de ilusión arropada por mis teorías mentales, que me impedían encontrar la manera de materializar todo lo que iba aprendiendo y actuar de un modo más concreto, más minucioso. Realmente, no sabía qué podía hacer, más allá de poner dos frutas diferentes en una misma bolsa de plástico para ahorrarle una al planeta cada vez que compraba o recoger el agua de la ducha mientras se calentaba. Jamás se me ocurrió pensar que tenía el poder de elegir cada uno de mis pasos, y de que hay miles de maneras de cambiar la corriente.

Seguramente, y no por casualidad, aquellos sentimientos me llevaron a un punto de inflexión en mi vida. Llegó ese momento que muchas personas vivimos, en el que sabes que tienes que hacer un cambio, pero no tienes ni idea de cómo hacerlo ni si realmente puedes hacerlo. Me quedé paralizada frente a mi cubo de basura plástica, como otras tantas veces, pero esa vez pensé por primera vez que tenía que haber alguna manera de dejar de generar tanta basura. En esos días, además, una amiga compartió por las redes sociales un artículo en el cual se hablaba de la toxicidad del agua embotellada ocasionada por el plástico. Mi hijo de cuatro años y mi hija de apenas unos meses por aquel entonces estaban expuestos al plástico las veinticuatro horas del día, como cualquier otro niño. Así que, más allá de pensar que no sería para tanto, pensé todo lo contrario: me obsesioné, de manera un tanto exagerada (o no), con que el plástico, que estaba en contacto con el agua y los alimentos que consumían mis hijos, podría estar afectando a su salud. No sé si era para tanto, seguramente sí, pero, en cualquier caso, aquel miedo me empujó a tomar la decisión de hacer un giro de ciento ochenta grados en nuestra manera de vivir.

Aun así, los efectos del plástico en la salud humana pasaron a un segundo plano para mí cuando, poco después, descubrí el impacto medioambiental de este, algo que ignoraba por completo. Ya no se trataba solo de las repercusiones que tiene en nuestra salud el uso del plástico, sino las que tiene en la salud de la Tierra y en la de todos los seres vivos que habitamos en ella.

Todo aquel descubrimiento formó una revolución dentro de mí. El estado de *shock* inicial, y los sentimientos de frustración y culpa, me tuvieron paralizada varios días. La venda que tenía en los ojos había comenzado a desprenderse y ya no podía volver a taparlos y seguir con mi vida como si nada, por lo menos no con la conciencia tranquila. Así que, en un ataque de valentía y motivación, le dije a mi marido «¡Se acabó!, a partir de hoy quiero vivir sin plástico». Aún recuerdo su cara, la típica cara que pone siempre cuando no da crédito a lo que escucha, pero, sin hacerme muchas preguntas, me contestó con un simple «vale». No creo que fuera muy consciente del lío en el que íbamos a meternos, aunque quizás yo tampoco lo era. Quizás tampoco imaginó que me duraría tanto la motivación. Al fin y al cabo, teníamos dos hijos muy pequeños y muchísimas ocupaciones, excelentes excusas para no hacer nada. Pero yo lo tenía muy claro, y contaba con que su sensibilidad por el medioambiente y por la preservación del entorno estaba muy desarrollada, ya que, durante los últimos diez años, junto con otros jóvenes, había organizado y participado en reforestaciones y limpieza de entornos naturales.

Generalmente, los cambios nos dan miedo. Salir de la zona de confort no es algo de lo que podamos presumir las nuevas generaciones, pero, cuando hacemos una toma de conciencia profunda sobre la importancia de hacer cambios en nuestro modo de vida, y de abandonar nuestros prejuicios y limitaciones, difícilmente puedes mirar hacia otro lado y los miedos al cambio se disipan.

Así, comencé a estudiar de manera autodidacta el impacto que genera la basura que producimos los seres humanos, tanto en la naturaleza como en nosotros mismos, la problemática del plástico a nivel medioambiental, los efectos de nuestro consumo desmedido y su relación con el cambio climático. Y profundicé en otras industrias, como la alimentaria, la tecnológica y la textil, que contribuyen significativamente al deterioro del planeta.

El proceso ha sido una verdadera revelación, porque no solo he aprendido una serie de cambio de hábitos cotidianos, sino cambios mucho más profundos que me han llevado a un nivel de conciencia mucho más amplio. Con el tiempo, mi preocupación ya no solo estaba centrada en evitar un simple envase, sino en todo lo relacionado con nuestro consumo en todos los ámbitos de nuestra vida, con todo lo que hay detrás, lo que no vemos.

Los primeros meses fueron caóticos, porque, a diferencia de hoy día, que existe una gran comunidad que comparte buenísimas ideas para llevar una vida más sostenible y de la que aprendo mucho, encontrar información por aquel entonces sobre cómo reducir nuestro impacto evitando los envases y materiales de un solo uso en el día a día no fue nada fácil para mí. Partir de cero hizo que tuviese que experimentar y sufrir muchas «novatadas», pero también me permitió encontrar soluciones y alternativas más sostenibles para prácticamente todo. Fue por ello que creé un blog, Ecoblog Nonoa, para compartir todo lo que aprendía durante el proceso y para facilitar el de todas aquellas personas que están empezando o que están en el camino.

A su vez, creé a Nonoa, un personaje ilustrado que durante estos años ha puesto cara a muchas de las situaciones anecdóticas que he vivido. Ella le da ese toque de humor realista a este tema tan serio. Y no conozco mejor forma de cambiar el mundo que con una sonrisa siempre por delante. Por eso también nos

¡HOLI!

acompañará a partir de la «Guía práctica para reducir nuestro impacto» para representar muchas de las situaciones que he vivido en estos años (basadas en hechos reales, aunque un tanto exageradas) y que quizás, solo quizás, tú también vivas.

Este libro no es solo una guía sobre cómo reducir nuestra basura y llevar una vida más sostenible, sino una oportunidad para reflexionar sobre nuestro modo de vida, a nivel individual, pero también como sociedad, en el que es tan importante reducir nuestra basura material como la basura mental y la que pueda albergar nuestro interior, a veces lleno de terquedad y limitaciones que no nos permiten avanzar. Pero, sobre todo, para animarnos a disfrutar del camino, a vivirlo con intensidad y alegría y a aprovechar todas las situaciones como una oportunidad de aprendizaje.

Desmontaremos muchos mitos que rondan a la vida sostenible en general y podremos darnos cuenta de que, cuando saltamos las barreras autoimpuestas y cruzamos la línea que nos aleja de la comodidad, todo se vuelve más simple y auténtico de lo que habríamos podido imaginar.

Al contrario de lo que se piensa, vivir de manera sostenible no significa dedicar todo nuestro tiempo y dinero a intentar salvar el mundo regresando a la era paleolítica, sino todo lo contrario. Este modo de vida sirve para abandonar nuestro apego a las cosas superfluas, a aprender a diferenciar sobre una necesidad real y una impuesta y a simplificar nuestra vida hasta el punto de que nos permita disponer de más tiempo y dinero para disfrutar de todo aquello que verdaderamente importa.

Introducción

Más allá de si nuestro tiempo es limitado o nos sobra, de nuestra posición social, de nuestra economía, nuestras costumbres, nuestra filosofía de vida, nuestros ideales políticos o nuestra religión, todos, sin excepción, podemos hacer algo para disminuir nuestro impacto con pequeños gestos, porque, igual que tenemos capacidad para generar basura, también la tenemos para reducirla.

Aunque no podamos hacerlo todo, eso no debe impedirnos jamás hacer algo, evitar las comparaciones y sentirnos orgullosos de cada avance que hagamos, porque, cuando se trata de cambiar el mundo, todo cuenta y «el poco o el mucho» no existen.

Lo único que necesitamos son dos cosas: la primera es perder (o aprender a sobrellevar) el miedo a salir de la zona de confort, y la segunda, tener claro que este camino no solo va a mejorar nuestra vida, sino la de todo nuestro entorno. Descubriremos que vivir en armonía con la naturaleza, respetando el equilibrio y el orden de las cosas, no solo nos proporcionará más tiempo y calidad de vida, sino que también nos empoderará, nos acercará a nuestros orígenes, a la naturaleza, parte esencial de nuestra existencia, y nos hará sentir que somos útiles en la transformación de un mundo mejor. La felicidad y la libertad que se puede llegar a alcanzar es inexplicable y lo más increíble es que todo ello se puede conseguir a través de nuestro cubo de basura; impresionante, ¿verdad?

Al fin y al cabo, si es posible destruir el planeta a partir del cubo de basura, ¿por qué no va a ser posible cuidarlo también a través de él?

1.
Un mundo insostenible

La cultura del usar y tirar

Vivimos la época de mayor abundancia material y comodidad jamás conocida por los seres humanos, y mucho le debemos a la Revolución Industrial y al capitalismo, pero también todo ello ha traído consigo la pérdida de valores, la desigualdad social y una vida que gira en torno a las cosas materiales y en la que estamos más centrados en poseer que en vivir.

La economía lineal en la que estamos inmersos, en la que se extrae materia prima, se fabrica, se usa y se desecha, es una economía insostenible fomentada por el capitalismo, que nos incita a consumir de manera perpetua, basada en la falsa creencia del crecimiento infinito, pero se ha extendido el miedo de que, si no hay crecimiento, no hay prosperidad, de que, si no producimos sin límites, el sistema colapsa, y es este mismo miedo el que nos hace olvidar que vivimos en un mundo de recursos finitos en el cual es totalmente imposible crecer indefinidamente.

Sin embargo, el mundo va a una velocidad abrumadora, lo suficientemente rápida como para que no tengamos tiempo de ver ni de pensar, y esto nos hace vulnerables y fácilmente manipulables, y perdemos la capacidad de discernimiento que nos permite diferenciar entre una necesidad real y una impuesta.

Entre todos hemos creado una cultura superficial, comodona y perezosa, que se ve rápidamente seducida por cualquier cosa que se presente como una «solución» para hacer nuestra vida más fácil y llevadera. Enseguida nos sentimos atraídos por lo nuevo, por el cambio, por lo rápido y cómodo, por el falso placer del consumo.

Y con este modelo de consumo, de comprar, usar y tirar, impulsado por la facilidad que tenemos actualmente para adquirir casi cualquier cosa que deseemos a bajo coste económico y sin necesidad de invertir mucho esfuerzo, hemos llenado el planeta de basura, algo de lo que generalmente no nos hace especial ilusión hablar y mucho menos responsabilizarnos, y esto pone en evidencia la relación tan curiosa que tenemos con la basura que generamos, a pesar de que es una consecuencia de nuestro estilo de vida, al cual le damos mucho valor.

La basura nos genera repulsión y asco y una necesidad abrumadora de librarnos de ella, de que desaparezca de nuestra vista. Con este sentimiento, escondemos la basura en una bolsa, la cerramos a conciencia y nos deshacemos de ella. Y es justamente este gesto, tan repetido y automatizado, el que nos hace creer que, una vez que desechamos la basura, esta deja de ser nuestra, deja de existir. Pasa a ser invisible a nuestros ojos y pensamos que ello nos exime de la obligación de actuar frente a nuestro modelo de consumo, de modo que dejamos que recaiga en terceros esta responsabilidad. Personalmente, nunca me preocupé de lo que pasaba con mi basura después de desecharla; sí que me frustraba generar tanta, pero, una vez que la tiraba, me resignaba y me olvidaba de ella. Pero podríamos decir que lo que hemos estado haciendo todo esto tiempo, por lo general, ha sido solamente cambiar nuestra basura de lugar, y que hemos acumulado cada año entre 1.300 y 2.200 millones de toneladas de residuos sólidos urbanos,[1] el equivalente a casi diez millones de estatuas de la libertad. Y esto sin contar otro tipo de residuos que dispararían las cifras a niveles inimaginables.[2] El problema está en que, junto con toda esta basura, desechamos mucho más de lo que muestran las cifras.

CUANDO **COMPRAMOS,
USAMOS Y TIRAMOS,**
NO SOLO ESTAMOS
TIRANDO EL OBJETO
EN SÍ, SINO TODOS
LOS RECURSOS QUE
SE HAN EMPLEADO
EN ÉL, INCLUIDO EL
TIEMPO

OBTENCIÓN DE MATERIA PRIMA
FABRICACIÓN
TRANSPORTE
COSTE DEL PRODUCTO
ENVASES Y EMBALAJE
BASURA

De continuar con nuestro modelo de consumo actual en todos los ámbitos de nuestra vida, en el año 2050 necesitaremos tres Tierras para satisfacer nuestras «necesidades humanas». Esto nos lleva a un punto de inflexión que nos obliga a replantearnos nuestro estilo de vida y a reflexionar sobre nuestras necesidades reales para disminuir nuestro consumo de cosas superfluas y aumentar el consumo de aquello que aporta valor a nuestra vida, que no necesariamente tiene que ser siempre algo material.

¿Qué pasa con el plástico?

Aunque el plástico se desarrolló en el siglo XIX, no fue hasta la década de los años cincuenta que su uso comenzó a masificarse. Su bajo coste, versatilidad, ligereza y resistencia hicieron que ganara terreno con rapidez y que se convirtiera en el sustituto perfecto de materiales como la madera, el acero o el hierro, entre otros. En poco más de medio siglo, se ha vuelto imprescindible por el papel tan importante que desempeña en numerosas aplicaciones. No se puede negar que gracias al plástico hemos podido avanzar en muchos campos, y eso ha hecho que nuestra vida no solo haya sido más cómoda, sino también más próspera; solo tenemos que mirar a nuestro alrededor para darnos cuenta de que prácticamente todo lo que usamos en nuestro día a día es de plástico. Sin embargo, su uso se nos ha ido de las manos.

Cuando se inventó el plástico, se hizo con la finalidad de crear objetos y piezas resistentes, reutilizables y duraderas; de hecho, es perfecto para crear productos que requieran estas características. Pero hubo alguien, que en un brote de «inteligencia humana» (o avaricia), a quien se le ocurrió crear productos desechables con un material prácticamente inmortal, lo que dio el pistoletazo de salida a un mundo de usar y tirar. El problema reside en que está tan introducido en nuestras vidas que no nos damos cuenta de que estamos utilizando un material, destinado a crear objetos durables en el tiempo, para fabricar objetos desechables que usaremos tan solo una vez durante unos pocos minutos y que después permanecerán en la Tierra entre ciento cincuenta y mil años, hasta que se degraden, si llegan a hacerlo, como pueden ser una simple bolsa de plástico o una pajita. Entendiendo esto, podemos darnos cuenta de que **el problema no es el plástico, sino el uso irracional y desproporcionado que estamos haciendo de él.**

Los datos demuestran que nuestra adicción al plástico es más que preocupante, que el reciclaje está muy lejos de ser una solución, aunque nos respaldemos en él, que la incineración de plásticos, junto con la liberación de aditivos químicos, metales pesados y otros compuestos perjudiciales, puede acarrear problemas mayores y que estamos frente a un problema global de graves consecuencias tanto medioambientales, como sociales y económicas. Tenemos un 79 % de basura plástica repartida entre vertederos, océanos y en medio de la naturaleza con la que tenemos que lidiar sin tener idea de cómo gestionarla.

TONELADAS DE PLÁSTICO QUE SE HAN PRODUCIDO ANUALMENTE DESDE SUS COMIENZOS **Y SU DESTINO FINAL**

EN TAN SOLO 70 AÑOS, EL PLÁSTICO ES YA OMNIPRESENTE Y, AUNQUE LLEVA POCO TIEMPO ENTRE NOSOTROS, NO NOS HACEMOS LA IDEA DE UNA VIDA SIN ÉL

ESTIMACIONES FUTURAS

2 MILLONES DE TONELADAS EN 1950

380 MILLONES DE TONELADAS EN 2015

500 MILLONES DE TONELADAS EN 2025

619 MILLONES DE TONELADAS EN 2030

1.124 MILLONES DE TONELADAS EN 2050

DESDE 1950 HASTA 2015 SE HAN PRODUCIDO 8.300 MILLONES DE TONELADAS DE PLÁSTICO

PARA EL AÑO 2050, EN TAN SOLO 100 AÑOS, YA SE HABRÁN PRODUCIDO 34.000 MILLONES DE TONELADAS DE PLÁSTICO

¿Y QUÉ HA PASADO CON TODO ESE PLÁSTICO?

DE ESTA CANTIDAD, 6.300 MILLONES DE TONELADAS YA SE HAN CONVERTIDO EN RESIDUOS

LO EQUIVALENTE A 863.013 TORRES EIFFEL

9% HA SIDO RECICLADO

12% HA SIDO INCINERADO

79% PERMANECE ACUMULADO EN VERTEDEROS O EN EL MEDIOAMBIENTE

El plástico puede tardar entre ciento cincuenta y mil años en degradarse. Con el tiempo, y según las condiciones medioambientales a las que esté expuesto, puede permanecer intacto durante siglos o puede ir fragmentándose poco a poco, en trocitos cada vez más pequeños, hasta convertirse en microplásticos que son imperceptibles al ojo humano. Muchos de los plásticos que se usan a diario acaban en el mar y, aunque la gente lo relacione con que hay unos cuantos desconsiderados que tiran la basura allí directamente en lugar de hacerlo en el contenedor, lo cierto es que el plástico tiene muchas vías para llegar a los océanos, y es muy probable que muchos de los plásticos que usamos a diario, o que hemos usado, ya sean parte de la basura marina.

Las consecuencias de los plásticos desechables son catastróficas y todas las ventajas que han acompañado al plástico en su corta vida útil se convierten automáticamente en desventajas en el mismo momento en que se desecha (ver imagen de la página siguiente).

Hay muchas maneras en que el plástico puede llegar al mar:

- A través del viento y de la lluvia: plásticos que se depositan fuera del contenedor, en papeleras al aire libre o que la gente tira directamente al suelo pueden ser arrastrados con facilidad por el viento y la lluvia hacia las alcantarillas debido a su ligereza.
- A través de las aguas residuales y de los ríos.

PLÁSTICOS EN LOS OCÉANOS

Y MICROPLÁSTICOS

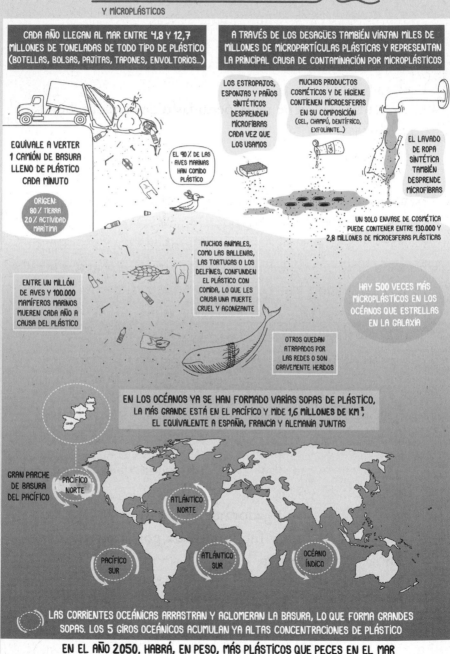

CADA AÑO LLEGAN AL MAR ENTRE 4,8 Y 12,7 MILLONES DE TONELADAS DE TODO TIPO DE PLÁSTICO (BOTELLAS, BOLSAS, PAJITAS, TAPONES, ENVOLTORIOS...)

A TRAVÉS DE LOS DESAGÜES TAMBIÉN VIAJAN MILES DE MILLONES DE MICROPARTÍCULAS PLÁSTICAS Y REPRESENTAN LA PRINCIPAL CAUSA DE CONTAMINACIÓN POR MICROPLÁSTICOS

EQUIVALE A VERTER 1 CAMIÓN DE BASURA LLENO DE PLÁSTICO CADA MINUTO

ORIGEN:
80 % TIERRA
20 % ACTIVIDAD MARÍTIMA

LOS ESTROPAJOS, ESPONJAS Y PAÑOS SINTÉTICOS DESPRENDEN MICROFIBRAS CADA VEZ QUE LOS USAMOS

MUCHOS PRODUCTOS COSMÉTICOS Y DE HIGIENE CONTIENEN MICROESFERAS EN SU COMPOSICIÓN (GEL, CHAMPÚ, DENTÍFRICO, EXFOLIANTE...)

EL LAVADO DE ROPA SINTÉTICA TAMBIÉN DESPRENDE MICROFIBRAS

EL 90 % DE LAS AVES MARINAS HAN COMIDO PLÁSTICO

UN SOLO ENVASE DE COSMÉTICA PUEDE CONTENER ENTRE 130.000 Y 2,8 MILLONES DE MICROESFERAS PLÁSTICAS

ENTRE UN MILLÓN DE AVES Y 100.000 MAMÍFEROS MARINOS MUEREN CADA AÑO A CAUSA DEL PLÁSTICO

MUCHOS ANIMALES, COMO LAS BALLENAS, LAS TORTUGAS O LOS DELFINES, CONFUNDEN EL PLÁSTICO CON COMIDA, LO QUE LES CAUSA UNA MUERTE CRUEL Y AGONIZANTE

HAY 500 VECES MÁS MICROPLÁSTICOS EN LOS OCÉANOS QUE ESTRELLAS EN LA GALAXIA

OTROS QUEDAN ATRAPADOS POR LAS REDES O SON GRAVEMENTE HERIDOS

EN LOS OCÉANOS YA SE HAN FORMADO VARIAS SOPAS DE PLÁSTICO, LA MÁS GRANDE ESTÁ EN EL PACÍFICO Y MIDE 1,6 MILLONES DE KM², EL EQUIVALENTE A ESPAÑA, FRANCIA Y ALEMANIA JUNTAS

GRAN PARCHE DE BASURA DEL PACÍFICO

PACÍFICO NORTE

ATLÁNTICO NORTE

PACÍFICO SUR

ATLÁNTICO SUR

OCÉANO ÍNDICO

LAS CORRIENTES OCEÁNICAS ARRASTRAN Y AGLOMERAN LA BASURA, LO QUE FORMA GRANDES SOPAS. LOS 5 GIROS OCEÁNICOS ACUMULAN YA ALTAS CONCENTRACIONES DE PLÁSTICO

EN EL AÑO 2050, HABRÁ, EN PESO, MÁS PLÁSTICOS QUE PECES EN EL MAR

- Por el agua que fluye a través de los vertederos, que arrastra residuos y micropartículas plásticas.
- Vertido directo de basura al mar o cerca de las costas, muchas veces como consecuencia del turismo y las actividades recreativas.
- Actividad pesquera: redes perdidas o descartadas, boyas, nailon…

Su alcance es tal que se ha encontrado plástico en lugares tan remotos como la Antártida, las Galápagos e incluso en el lugar más profundo de la Tierra, a 10.898 metros de profundidad, en la fosa de las Marianas, donde se han encontrado bolsas de este material. En nuestra historia, tan solo dos personas han podido llegar a este lugar. De hecho, han estado más personas en la Luna que en el lugar más profundo de la Tierra. Sin embargo, el plástico ha conseguido llegar hasta ahí, y esto pone en evidencia nuestro impacto sobre el planeta y el alcance de la contaminación por plásticos.

El informe *Marine Plastic Debris & Microplastics* de la UNEP,[3] al hacer referencia a todo lo que conlleva este desastre, dijo que el problema de las basuras marinas **debería ser considerado moralmente una preocupación común de la humanidad.**

Sylvia Earle, investigadora oceanográfica, ha dedicado su vida a los océanos y fue nombrada por la revista *Time* «Heroína del planeta» en 1998. Ella nos habla sobre la importancia de proteger los océanos. «Cada gota de agua que bebe, cada respiro que toma, está conectado con el mar, no importa en qué lugar de la Tierra viva»,[4] y así es, nuestro planeta es nuestra fuente de vida, dependemos íntegramente de los océanos y de toda la naturaleza en su conjunto, y ponerlo en jaque es lo mismo que poner a nuestra propia especie.

Por otro lado, los efectos que tiene en la salud humana también son impactantes.[5]

A los polímeros plásticos se les añaden aditivos para modificar y mejorar sus prestaciones, como retardantes de llama, estabilizantes, plastificantes, colorantes, metales pesados, biosidas, disolventes y un largo etcétera, pero la mayoría de estos no están químicamente ligados al plástico,[6] y eso hace que se desprendan con facilidad. Estas sustancias migran a los alimentos o al agua que están en contacto con el plástico, así como a nuestra piel a través de la ropa o el contacto, incluso podemos respirarlas.

Varios de estos aditivos son disruptores endocrinos que mimetizan y alteran la función de las hormonas. Los más conocidos son los flatatos y el bisfenol A (BPA), aunque hay muchísimos más. Este último podemos encontrarlo en el recubrimiento interno de las latas, en papeles térmicos como los *tickets* (que no pueden reciclarse por este motivo), botellas de plástico, juguetes y en muchos otros productos y, aunque ahora hay una infinidad de plásticos en el mercado con la etiqueta «libre de BPA» para que el consumidor esté más tranquilo, se está demostrando que los aditivos que sustituyen a este bisfenol pueden tener los mismos efectos, incluso peores.

Los disruptores están relacionados con enfermedades como la diabetes, la pérdida de fertilidad, diferentes tipos de cáncer, malformaciones, desórdenes en el neurodesarrollo, asma, obesidad...

Sus efectos son alarmantes, por ello, lo mejor es que evitemos en la medida de lo posible que el plástico esté en contacto con el agua o los alimentos en ciertas condiciones:

- Sustituir las botellas y las fiambreras de plástico por acero o vidrio una vez que acabe su vida útil y haya que reemplazarlas.
- No poner comida caliente ni alimentos con aceites o grasas en recipientes de plástico, ni calentarla en el microondas.
- Evitar comprar alimentos envasados en plástico y en lata en la medida de lo posible.
- Evitar el agua embotellada en plástico y, sobre todo, no reutilizar estas botellas desechables para rellenar nuevamente de agua.

El plástico daría para muchos libros, pero creo que todos estos datos son más que suficientes para entender la urgencia de actuar y contrarrestar los efectos de nuestro impacto en la naturaleza.

Estamos frente a la extinción de miles de especies y frente a la pérdida de la biodiversidad y de ecosistemas enteros, y es el momento de pararnos, respirar profundo y reflexionar sobre si el uso que estamos haciendo de los recursos, de la manera en que lo hacemos, está justificado. Si realmente vale la pena esa «falsa comodidad» que nos proporciona el plástico a cambio de la vida de millones de especies, de la nuestra propia y del único lugar que tenemos para vivir.

2.
Abriendo los ojos
y desmontando mitos

Reciclar no es suficiente

Todas las campañas de gobiernos, empresas, organizaciones y demás se centran en la importancia de que el ciudadano de a pie recicle, y lo presentan como la medida más eficaz para acabar con muchos de los problemas medioambientales a los que nos enfrentamos en la actualidad debido a los residuos que generamos y que acaban en vertederos o en el medio natural. Es normal, ninguna industria nos va a decir que consumamos menos, iría en contra de sus principios, pero todavía falta mucho para que el reciclaje reduzca nuestro impacto en el medioambiente de manera significativa.

Cuando ponemos nuestros residuos en su contenedor específico, lo que estamos haciendo es simplemente separarlos para que sean gestionados, pero eso no es una garantía de que posteriormente lleguen a reciclarse. De hecho, desconocemos cómo se gestionan los residuos que depositamos en el contenedor, qué se hace con ellos, si realmente se llegan a reciclar o no…, prácticamente no sabemos nada porque la información que se da es mínima y confusa. De hecho, pocas personas sabíamos, y yo me incluyo, que casi el cincuenta por ciento de los residuos plásticos y de papel de la Unión Europea, Estados Unidos y Japón se exportaban a China desde los años noventa, y nos enteramos cuando el 1 de enero de 2018 este país decidió prohibir la entrada de veinticuatro tipos de residuos por la mala calidad de algunos de ellos.[7] Estos países, además, incluyen en sus tasas de reciclaje estos residuos que envían al exterior, sin embargo, no se sabe cuánto se llega a reciclar realmente y cuánto acaba en el vertedero.

El reciclaje reduce las emisiones de CO_2, ayuda a ahorrar materia prima, energía, agua y otros recursos, pero ¿cómo puede ser eficiente que nuestra basura viaje tantos miles de kilómetros para acabar en un vertedero chino o para que vuelva a nosotros en forma de juguetes, barreños y un sinfín de productos inútiles de mala calidad que no podrán volver a ser reciclados? A mí no me salen las cuentas, y no se debería permitir que un país pueda producir más basura de la que es capaz de gestionar.

Materiales como el vidrio, el acero o el aluminio se reciclan bien, porque son materias que se pueden reciclar infinidad de veces sin límite. El del papel tiene sus limitaciones, entre cinco o seis veces, aunque cuenta con la ventaja de su biodegradabilidad, pero el mayor problema nos lo volvemos a encontrar con el plástico, que como máximo se puede reciclar entre cinco o seis veces, aunque generalmente solo llega a reciclarse una vez siendo optimistas, ya que es complejo, costoso e inviable en la mayoría de los casos, debido a los muchos tipos de plásticos que existen, todos ellos con multitud de aditivos que dificultan aún más el proceso. De hecho, si el reciclaje del plástico fuera eficiente, no tendría sentido que solo se recicle un nueve por ciento a nivel global, y mucho menos sentido tendría que se continuaran produciendo millones de toneladas cada año a partir de materia prima virgen.

Además, la mayoría de las veces en que se reciclan los plásticos son para fabricar productos de peor calidad después de mezclarlo con otros tipos de plástico, lo que hace imposible que puedan volver a reciclarse.

Hoy por hoy, no hay capacidad para hacer frente a tantos desechos y hay muchísimos productos de un solo uso que utilizamos a diario que o se reciclan muy poco o directamente no se reciclan, de modo que se convierten automáticamente en basura (ver imagen de la página siguiente).

El reciclaje es importante, pero de momento no es la panacea. Se precisa de muchos recursos también para reciclar, y este nos distrae del verdadero problema: nuestro modelo de consumo de usar y tirar. Podríamos decir que el reciclaje actúa como un tratamiento sintomático que trata el dolor, pero no su causa, es decir, nos hace sentir mejor, pero no soluciona el problema real de fondo.

Aun así, esto no quiere decir que no reciclemos ni que no sirva de nada, todo lo contrario. Reciclar forma parte de la economía circular a la que tenemos que aspirar, donde se extrae materia prima, se fabrica, se usa muchísimas veces y, una vez que acaba su vida útil, se reaprovecha el cien por

EL IMPACTO MEDIOAMBIENTAL DE ALGUNOS DE
LOS PLÁSTICOS DESECHABLES QUE USAMOS ⋛CADA DÍA⋚

EL 50% DEL PLÁSTICO QUE SE PRODUCE ES PARA FABRICAR PRODUCTOS DESECHABLES

SE PRODUCEN 20.000 BOTELLAS POR SEGUNDO
EN EL MUNDO, MÁS DE 1 MILLÓN POR MINUTO

EL 25% DEL AGUA EMBOTELLADA
ES AGUA DE GRIFO FILTRADA

VIDA ÚTIL = 12 MINUTOS
TIEMPO DE DEGRADACIÓN = 500 AÑOS

SOLO EL 7% SE CONVIERTE
EN NUEVAS BOTELLAS

SE CONSUMEN DE 1 A 5 BILLONES DE BOLSAS
DE PLÁSTICO AL AÑO EN TODO EL MUNDO,
CASI 10 MILLONES POR MINUTO

SI LAS UNIÉRAMOS, DARÍAN LA VUELTA
AL MUNDO 7 VECES CADA HORA

VIDA ÚTIL = 12 MINUTOS
TIEMPO DE DEGRADACIÓN = DE 150 A 500 AÑOS

MENOS DEL 5% SE RECICLA A NIVEL GLOBAL

SE UTILIZAN 1.000 MILLONES DE PAJITAS DE
PLÁSTICO DESECHABLE AL DÍA A NIVEL MUNDIAL
Y CAUSAN GRAVES DAÑOS A TORTUGAS, PECES Y AVES

PODRÍAN LLENAR 254 AUTOBÚSES ESCOLARES AL DÍA

ES LA CUARTA BASURA MÁS COMÚN EN LAS PLAYAS

VIDA ÚTIL = 20 MINUTOS
TIEMPO DE DEGRADACIÓN = HASTA 1.000 AÑOS

NO SE RECICLAN

LOS CONTENEDORES, BANDEJAS, VASOS Y
OTROS UTENSILIOS DESECHABLES DE
POLIESPÁN (POLIETILENO EXPANDIDO)
SON ALTAMENTE TÓXICOS Y CANCERÍGENOS

VIDA ÚTIL = 12 MINUTOS
TIEMPO DE DEGRADACIÓN = NO DESAPARECEN

NO SE RECICLAN

CADA AÑO SE RECOGEN 320.000 KG DE
BASTONCILLOS SOLO EN LAS PLAYAS EUROPEAS

REPRESENTAN EL 60% DE LA BASURA QUE
SE LIBERA A LAS AGUAS RESIDUALES

VIDA ÚTIL = 30 SEGUNDOS
TIEMPO DE DEGRADACIÓN = 300 AÑOS

NO SE RECICLAN

UNA SOLA MUJER DESECHA UNAS 10.000 COMPRESAS
Y TAMPONES A LO LARGO DE SU VIDA

MÁS DE 20.000 MILLONES DE PRODUCTOS
DEDICADOS A LA MENSTRUACIÓN SE
DESECHAN CADA AÑO

VIDA ÚTIL = 3 HORAS
TIEMPO DE DEGRADACIÓN = 300 AÑOS

NO SE RECICLAN

cien de la materia para crear un nuevo producto. Es lo mínimo y lo más básico que debemos hacer para que nuestros residuos puedan ser reaprovechados, pero es mejor reducir los residuos que generamos para tener que reciclar lo menos posible, porque la producción y el reciclaje no han ido creciendo al mismo ritmo a lo largo de los años.

Las trampas de los productos biodegradables

Cada vez son más las alternativas al plástico convencional y, aunque estas puedan verse como una posible solución a la problemática medioambiental que estamos viviendo, los desechables biodegradables o compostables suponen un peligro aún mayor. Por un lado, continúan perpetuando el problema real: nuestro modelo de consumo de usar y tirar. Y, por otro lado, la misma etiqueta biodegradable o compostable nos alienta a consumir igual o incluso más, pero sintiéndonos mejor, con la falsa creencia de que estamos haciendo un bien al medioambiente. La verdad es que ni siquiera es una medida eficaz «mientras la gente menos concienciada se adapta a llevar sus reutilizables», como dicen muchas personas, porque no tenemos tanto tiempo y porque, mientras exista una alternativa desechable, la mayoría es la que escogerá.

Aun así, hay personas de todo el mundo intentando inventar un desechable que no suponga una amenaza medioambiental y que sustituya al plástico de un solo uso, pero es imposible que lo encontremos. Es verdad que necesitamos alternativas para aquellos plásticos de los que no podemos prescindir, pero no podemos sustituir un problema por otro reemplazando todos los desechables que existen actualmente en el mercado por otros desechables, eso no tiene sentido y el impacto medioambiental podría ser aún más grave. Tenemos que entender que no existe ningún desechable inocuo y que la mejor alternativa es optar por la versión reutilizable de cada cosa que consumimos mientras la haya.

Por ejemplo, el papel, aunque se biodegrada relativamente rápido, tiene un impacto cuatro veces mayor que el plástico durante su ciclo de vida,[8] por lo tanto, no es tan inofensivo como pensamos.

Por otro lado están los bioplásticos, que van ganando terreno y se presentan como una de las mejores alternativas futuras debido a que su aspecto y usabilidad son muy similares al plástico convencional, pero también tienen un impacto brutal. Aun así, nos lo venden como algo que, cuando cae al suelo, automáticamente se convierte en abono y le salen flores. Ojalá fuera así, pero es mucho más complejo que eso, y están muy lejos de ser inocuos (ver imagen de la página siguiente).

Como guinda del pastel, aparecieron los plásticos oxo-degradables u oxobiodegradables,[9] muy usados para hacer bolsas de supermercado, pañales y bolsas para las cacas de los perros, y que quieren «colarse a toda costa» en la categoría de plásticos biodegradables y compostables. De hecho, así están etiquetados muchísimos de ellos. Pero en realidad no son ni biodegradables ni compostables y representan un grave problema

LOS BIOPLÁSTICOS SE PRESENTAN COMO UNA SOLUCIÓN A LOS PROBLEMAS QUE OCASIONA EL PLÁSTICO CONVENCIONAL, PERO ¿REALMENTE LO SON?

MISIÓN: ACABAR CON EL PLÁSTICO

¡HUYE AHORA QUE PUEDES!

ANTES DE SACAR ⨯CONCLUSIONES⨯ VAMOS A CONOCER MÁS SOBRE ELLOS

DENTRO DE LA CATEGORÍA BIOPLÁSTICO HAY DIFERENTES TIPOS

PLÁSTICOS BIOBASADOS

UN EJEMPLO SON LOS BIO-PE, QUE ESTÁN HECHOS A PARTIR DEL ETANOL QUE SE EXTRAE DE LA CAÑA DE AZÚCAR, ALMIDONES, ETC.

PLÁSTICOS PARCIALMENTE BIOBASADOS

COMO LOS BIO-PET, ENTRE OTROS, QUE SON UNA MEZCLA DE MATERIA PRIMA RENOVABLE Y DERIVADOS DE PETRÓLEO

⨯NO SON BIODEGRADABLES

DE HECHO, LA BIODEGRADABILIDAD DE UN PLÁSTICO NO DEPENDE DE LA MATERIA PRIMA, SINO DE LA ESTRUCTURA QUÍMICA DE ESTE

PLÁSTICOS BIODEGRADABLES

DE ORIGEN BIOLÓGICO (MAÍZ, YUCA, ALMIDONES...), COMO EL PLA

DE ORIGEN PETROQUÍMICO, COMO EL PBAT

A MENUDO EL PLA Y EL PBAT SE COMBINAN PARA LA FABRICACIÓN DE FILM PLÁSTICO Y BOLSAS, ENTRE OTROS

TANTO LOS PLÁSTICOS BIOBASADOS COMO LOS PARCIALMENTE BIOBASADOS SON QUÍMICA Y FÍSICAMENTE IDÉNTICOS A SUS CONTRAPARTES BASADOS EN PETRÓLEO

EN EL MEDIOAMBIENTE ACTÚAN EXACTAMENTE IGUAL QUE LOS PLÁSTICOS CONVENCIONALES

PERO SE PUEDEN RECICLAR EN LA MISMA CORRIENTE DE RECICLAJE QUE SU VERSIÓN CONVENCIONAL Y AYUDAN A AHORRAR RECURSOS DE ORIGEN FÓSIL

LOS BIOPLÁSTICOS, HECHOS CON MATERIA PRIMA RENOVABLE, TAMBIÉN SIGUEN DEPENDIENDO DEL PETRÓLEO PARA...

MAQUINARIA AGRÍCOLA ⇒ **DISTRIBUCIÓN DEL PRODUCTO** ⇒ **PRODUCCIÓN DE MATERIALES** ⇒ **USO DE PESTICIDAS Y FERTILIZANTES ELABORADOS CON PETRÓLEO EN EL CULTIVO**

EL AUMENTO DE SU PRODUCCIÓN PODRÍA OCASIONAR UNA SUBIDA DE PRECIO DE LOS ALIMENTOS DESTINADOS AL CONSUMO Y SUPONDRÍA LA SOBREEXPLOTACIÓN Y DEGRADACIÓN DE LAS TIERRAS DE CULTIVO

MÁS ≷ DATOS ≷ SOBRE LOS PLÁSTICOS BIODEGRADABLES

EN LOS BIOPLÁSTICOS SE UTILIZAN MÁS ADITIVOS QUE EN LOS PLÁSTICOS CONVENCIONALES DEBIDO A QUE LOS PLÁSTICOS BIODEGRADABLES PUROS NO SON TAN ESTABLES NI DAN TAN BUENOS RESULTADOS

SON RECICLABLES, PERO, MIENTRAS NO AUMENTE LA DEMANDA, NO SERÁ ECONÓMICAMENTE VIABLE UNA PLANTA DE RECICLAJE ESPECÍFICA PARA ELLOS

...

AUNQUE SON BIODEGRADABLES, NECESITAN UNAS CONDICIONES MEDIOAMBIENTALES MUY CONCRETAS PARA QUE SE BIODEGRADEN, IMPOSIBLES DE DARSE EN UN VERTEDERO Y MUY DIFÍCILMENTE EN EL ENTORNO NATURAL. ADEMÁS, PUEDEN TARDAR MUCHOS AÑOS EN BIODEGRADARSE

...

NO TODOS LOS PLÁSTICOS BIODEGRADABLES SON COMPOSTABLES, Y LOS QUE LO SON SOLO PUEDEN COMPOSTARSE EN UNA PLANTA DE COMPOSTAJE INDUSTRIAL A TEMPERATURAS SUPERIORES A 50 GRADOS, POR LO QUE, SI NO TENEMOS ACCESO A ESTE TIPO DE COMPOSTAJE, NO SOLUCIONAMOS NADA. ADEMÁS, QUE SE PUEDA COMPOSTAR NO QUIERE DECIR QUE SE PUEDA OBTENER UN COMPOST DE CALIDAD CON ELLOS

...

EN EL MAR ACTÚAN IGUAL QUE LOS PLÁSTICOS CONVENCIONALES Y NO SE HA PODIDO DEMOSTRAR SU BIODEGRADABILIDAD EN ÉL

≷ CONCLUSIONES ≷

PUES SÍ QUE SE LO HA TOMADO MAL...

ENTONCES, ¿QUIÉN SALVARÁ EL MUNDO?

- EL PUNTO EN COMÚN DE TODOS LOS BIOPLÁSTICOS, Y EN EL QUE COINCIDEN LOS EXPERTOS, ES QUE NINGÚN BIOPLÁSTICO SOLUCIONA EL PROBLEMA DE LAS BASURAS EN EL MEDIOAMBIENTE

- SIGUEN CAUSANDO DAÑOS, AL IGUAL QUE LOS CONVENCIONALES

- Y SON UN DESPERDICIO TOTALMENTE INNECESARIO DE RECURSOS

medioambiental. Están hechos de plástico convencional al que simplemente se le añade un aditivo que acelera su degradación. Degradarse quiere decir romperse, fragmentarse; nada más. Es decir, estos plásticos se fragmentan hasta convertirse en microplásticos, pero jamás desaparecen ni son absorbidos por microorganismos presentes en la naturaleza. De hecho, son muchos los países donde se está prohibiendo este tipo de plásticos, que aceleran a pasos agigantados el problema tan grave de la contaminación por microplásticos y que engañan descaradamente al consumidor, pues le hacen creer que está protegiendo así el medioambiente, además de hacerle pagar más por la «etiqueta». Además, como problema añadido, si se desechan en el contenedor de plástico convencional, pueden contaminar toda la cadena de reciclaje. Si especifican que están hechos con tecnología EPI o tecnología D2W, o tienen alguno de estos sellos, aunque diga que son biodegradables o compostables, ten claro que son oxodegradables.

En definitiva, si tenemos acceso a reutilizables, lo mejor es que optemos por estos, pero, si nos encontramos ante una situación en la que no tenemos muchas opciones, optemos siempre por aquel material que después tenga la posibilidad de ser reciclado «fácilmente» en nuestra ciudad.

El mundo cambiará, aunque no queramos

En el 2018, el IPCC emitió un informe sobre el cambio climático[10] considerado como la última llamada a la acción para salvar la Tierra de una catástrofe inminente, y puso como fecha límite el 2030 para que las temperaturas no suban más de un grado y medio si no queremos enfrentarnos a mayores inundaciones, a la extinción total de los arrecifes de coral, a sequías, al derretimiento completo del Ártico una vez cada diez años, a menos tierras aptas para el cultivo de cereales, temperaturas extremas, a la extinción de especies, a desplazamientos climáticos y demás, que se darán si alcanzamos los dos grados, aunque muchos de estos efectos ya los estamos viviendo. Tan solo tenemos doce años, contando desde la fecha del informe, para actuar y hacer cambios sin precedentes, es decir, lo que hagamos a partir de ahora determinará la historia de la humanidad, del resto de las especies y de la Tierra. No podemos negar que esto da mucho miedo y a nadie le gusta escuchar ni leer nada que tenga que ver con el cambio climático, preferimos taparnos los ojos y las orejas, como quien se pone un escudo delante, para evitar que nos invada la desesperanza, esa que acentúa la creencia de que no podemos hacer nada lo suficientemente grande para solucionarlo.

Hace años, la revista *The New Republic* preguntó a sus lectores si creían que deberíamos responder ante el cambio climático como lo hicimos ante la Segunda Guerra Mundial.[11] La respuesta fue clara, pero el mayor obstáculo que encuentran los partidarios de una movilización climática está en cómo convencer a la gente de que el cambio climático es una amenaza mayor para nuestra forma de vida incluso que las potencias del Eje. David Orr, profesor de estudios ambientales, dijo: «Quizás la mayor diferencia que existe respecto al cambio climático es que nuestros enemigos en la Segunda Guerra Mundial fueron claros y fáciles de demonizar. No hay Hitler o Mussolini del cambio climático, y los responsables de ello no son potencias extranjeras en las costas distantes. Nos hemos encontrado con el enemigo y él es nosotros».

Nunca escuché una verdad mayor... ¿Cómo enfrentarnos al enemigo? ¿Cómo enfrentarnos a nosotros mismos? ¿Y cómo entender que el gran cambio depende de nuestro propio cambio?

Si conseguimos ver más allá de nuestro ombligo, creo realmente que podemos conseguir un cambio. En tan solo cien años, y especialmente en los últimos cincuenta, hemos acabado con miles de millones de años de evolución, y lo hemos hecho solo nosotros, sin ayuda. Eso demuestra que tenemos más capacidad de impacto que nunca, solo debemos apuntar en la dirección correcta, porque, en realidad, no existe otra opción. Estamos obligados a cambiar si queremos seguir aquí, por eso lo mejor es comenzar nuestro propio cambio e ir adaptándonos de manera relativamente amable a un nuevo modo de vida que respete el entorno y conviva en armonía con la naturaleza.

Yo no creo que estemos ante el fin del mundo, pero sí ante el fin de un mundo insostenible, y eso debería ser un motivo de esperanza, no un motivo para vivir con miedo, porque por fin se nos presenta la oportunidad de conseguir un verdadero cambio. Está claro que lo ideal habría sido hacerlo sin tener que enfrentarnos al mayor reto al que la humanidad se ha expuesto, pero ya sabemos que los seres humanos lo dejamos todo para última hora, así que tenemos que aceptar que esta es la única posibilidad que ha existido siempre.

Nuestra actitud se parece un poco a aquella chica de los años cincuenta que iba al baile y esperaba sentada a que la sacaran a bailar, pero los tiempos han cambiado, así que tendremos que dejar de esperar por los demás, levantarnos y bailar, porque mientras seguimos esperando a que venga «alguien» y haga «algo», alguien que solucione los problemas de la Tierra, un superhéroe, una bacteria que se coma toda nuestra basura, el descubrimiento de un planeta B y la evacuación de toda la humanidad a él, y todo lo que se nos pueda ocurrir, el tiempo sigue corriendo. Este es el momento de unirnos y de sumar voluntaria y activamente para ejercer la máxima presión a gobiernos e industrias hasta que se vean en la obligación de hacer un cambio de rumbo para todos.

Una vez leí en algún lugar: «No deberíamos perder la esperanza, aunque no la hubiera». Suena un poco ridículo…, si no hay esperanza, para qué luchar, pero… ¿quién puede garantizar que no la hay?

3.
Cambiando de dentro hacia fuera

Una vista muy amplia para un gesto muy pequeño

Desde muy joven me fui encontrando en el camino a personas importantes que fueron parte esencial en muchos aspectos de mi vida, que me ayudaron a conocerme en profundidad y a descubrir por mí misma tanto mis virtudes como mis insuficiencias y limitaciones. Curiosamente, había algo en lo que coincidían muchas de estas personas, y siempre me lo decían con las mismas palabras: «Tienes una visión demasiado limitada de las cosas. Solo te centras en el hecho, pero nunca en la causa. Solo te centras en lo que ves, pero no tienes en cuenta lo que no ves». Quizás fue por esto que tanto escuché que a día de hoy intento siempre tener en cuenta más la causa que el efecto, más lo que no veo que lo que veo. Ha sido una lección de vida muy importante para mí, por la cual estoy enormemente agradecida, porque me ha ayudado a reflexionar en profundidad sobre muchos hechos del día a día y, dentro de la vida sostenible, ampliar mi visión me ha ayudado a entender la relación que existe entre nuestros pequeños actos cotidianos, aparentemente insignificantes, y sus consecuencias reales, un aspecto clave para aprender a tomar mejores decisiones en nuestro día a día.

Cada decisión que tomamos tiene un efecto directo en nuestro futuro, pero también en el de los demás, no importa lo insignificante que pueda parecernos: todo tiene una repercusión, como en una partida de ajedrez, en la que cada decisión de movimiento determina el final del juego.

De hecho, si a día de hoy los seres humanos nos encontramos en un posible punto de no retorno, en un punto de inflexión, no ha sido más que por la suma de un conjunto de toma de decisiones individuales que en apariencia han sido banales.

No solemos reflexionar sobre estos temas ni nos planteamos ver más allá de lo que vemos ante nosotros, pero ampliar nuestra visión nos permitiría cambiar nuestra percepción del mundo que nos rodea. Conocer el antes y el después de cada decisión de consumo que tomamos, más allá del acto en sí, nos permitiría relacionar esos gestos aparentemente intrascendentes con el impacto que tienen y con sus consecuencias, y eso es clave para aprender a discernir sobre nuestras verdaderas necesidades.

El problema de los residuos es una consecuencia de nuestro modo de vida centrado en la materia, por ello, reducir nuestro consumo en todos los ámbitos de nuestra vida nos permite reducir nuestro impacto no solo en los vertederos, sino en todo el ciclo de vida de cada cosa que se deja de producir. Cuando dejamos de generar residuos, cuando dejamos de consumir cosas que no necesitamos, estamos ahorrando energía, agua y todo tipo de recursos valiosos. Cuando decidimos comprar productos o alimentos de proximidad y no de la otra punta del planeta, estamos contribuyendo significativamente a la reducción de emisiones de CO_2. Cuando decidimos dejar de comprar productos testados en animales o a empresas que violan los derechos humanos, estamos reduciendo nuestro impacto en la vida de otras personas y otros seres. Por ello, cuantas más acciones llevemos a cabo en nuestro día a día, en beneficio de todos, más positivo será el impacto. Eso es altruismo, eso es también pensar en los demás y ser agradecido con lo que la Tierra nos brinda sin discriminación.

Probablemente, hasta ahora desconocíamos que la manera en que consumimos cuando compramos, cuando utilizamos y tiramos, etcétera, está causando un impacto más allá del cubo de basura, pero tal como hemos ido viendo, la realidad es totalmente contraria: la suma de nuestras acciones tiene un impacto enorme. Pero al revés también sucede. La suma de nuestras acciones en pro de un mundo mejor también tiene una gran repercusión, y estas pueden igualmente dar lugar a una ola de cambio en todo el mundo.

Por tanto, abandonemos la zona de confort y subamos la montaña, porque mientras permanezcamos al pie de ella, entre la multitud, nuestro campo de visión estará limitado. Debemos ampliar nuestra visión de las cosas, ampliar horizontes y tener una mirada más justa y altruista. Debemos tener claro el camino y, con cada paso que demos, nuestra capacidad para ver más allá, para aprender a discernir y para tomar mejores decisiones irá en aumento. Informarnos, conocer el impacto de nuestras acciones, dar pasos seguros en pro de un mundo mejor y animar a los demás a caminar juntos, respetando su propio camino sin enjuiciar, nos permitirá escalar la montaña y tener una visión cada vez más vasta.

Por el camino, también tendremos que ir desprendiéndonos de muchas cosas para poder seguir avanzando e ir aligerando la mochila: viejas costumbres, ideas preconcebidas, algo de ego…, como en la vida misma.

Solo vemos la punta del iceberg

Los desechos plásticos y toda la basura que generamos los seres humanos representan uno de los grandes problemas medioambientales de la actualidad. Sin embargo, todo ello no es más que la punta del iceberg. Tal como hemos dicho anteriormente, tan solo es una consecuencia del problema real, el del consumismo. Y es justamente aquí donde debe estar nuestro foco, y aunar fuerzas para «extinguir» nuestro modelo de consumo actual.

Es como un río, actualmente, nuestro foco está en la desembocadura e intentamos solucionar el problema desde ahí, a través del reciclaje, del consumismo «verde», que es el mismo de siempre, pero con otro disfraz, sustituimos un problema por otro, hacemos limpiezas, cambiamos la basura de lugar. Incluso estamos limpiando los océanos y centrando esfuerzos en la búsqueda incansable de bacterias, hongos y enzimas que se coman nuestra basura. Y no está mal, algunas de estas cosas también son necesarias, pero nada de esto solucionará el problema de fondo.

Sin embargo, si ponemos nuestro foco en el nacimiento del río, en la causa y no en el efecto, donde está el verdadero problema, lo que hace que la desembocadura siempre esté contaminada. Si nos concentramos en resolver el problema de raíz, la desembocadura se limpiará de manera natural. Porque, mientras se siga vertiendo basura desde el nacimiento, el río jamás dejará de arrastrar suciedad.

El consumo que satisface nuestras necesidades básicas es parte esencial para poder vivir, pero el consumo excesivo y desenfrenado de bienes innecesarios y superfluos nos arrastra hacia un callejón sin salida y compromete la supervivencia de las generaciones futuras.

Aun así, no es fácil escapar de los tres mil anuncios publicitarios a los que estamos expuestos cada día y que constantemente crean nuevas necesidades en nosotros. La publicidad y el *marketing* nos manipulan a través de sus anuncios, y utilizan las emociones para alcanzar sus objetivos. Ellos conocen nuestras carencias, nuestros anhelos y nuestros deseos y tienen a su favor la superficialidad de la sociedad actual. Saben que aspiramos a alcanzar la felicidad, la libertad y la belleza eternas. Saben que buscamos ser aceptados y sentir que pertenecemos a un grupo. Y, lo peor de todo, saben que lo buscamos hacia fuera, no hacia dentro. Así, si venden un coche, no solo venden un vehículo con el que moverse, también venden libertad y poder; si venden una camisa, no solo venden una prenda con la que vestirse, también venden sensualidad y belleza. Si implantan una nueva moda, la seguimos porque nos hace sentir integrados y socialmente aceptados. Por eso, cuando compramos, ya no lo hacemos porque esas cosas nos parezcan necesarias o útiles, las compramos para alcanzar esos estados emocionales que nos venden y no conseguimos obtener de otra manera.

Tim Jackson, profesor de desarrollo sostenible y autor del libro *Prosperidad sin crecimiento: Economía para un planeta finito*, reflexionaba sobre cómo las personas gastan más de lo que tienen solo para permanecer en el juego:[12] «Estamos ante una historia bastante perversa, la historia de cómo nos persuaden, de gastar dinero que no tenemos en cosas que no necesitamos para crear impresiones efímeras en personas que no nos importan».

Esto me hace pensar que incluso en los países desarrollados, donde creemos que hemos alcanzado una cierta libertad, continuamos viviendo en la esclavitud, y en la sociedad moderna se disfraza de **consumismo**, que tiene como motor nuestras propias carencias emocionales.

Cuando inicié este camino, y comencé a reducir el consumo en todos los aspectos de mi vida, lo hice con la intención de reducir el daño que estaba causando a la Tierra y también como una demanda de perdón a la naturaleza por haber llegado a estos extremos. Pero durante el proceso también empecé a entender la estrecha relación que existe entre nuestra manera de consumir y nuestro estado interior. Pude ver cómo la vida centrada en el materialismo, el egocentrismo, las carencias que buscan ser suplidas con cosas materiales, las frustraciones, las limitaciones y demás son poderosas herramientas que generan corrientes imparables. Todo ello se manifiesta de dentro hacia fuera y se materializa a través de nuestras acciones diarias, incluso de la manera más aparentemente insignificante, como lo es el modo en que consumimos, que enseguida se ve reflejado en nuestro cubo de basura.

Ahora, cuando miro mi basura, veo cómo mi manera de consumir se rige por mi estado interior oculto. Veo mis apegos a cosas superfluas e innecesarias, mis costumbres basadas en viejos conceptos, mi miedo a salir de la zona de confort, mi indiferencia ante lo que me rodea y los que me rodean. Además, veo cómo mi necesidad de deshacerme de la basura es la misma que tengo muchas veces ante la vida. Cuando algo me desagrada, no quiero enfrentarme a ello, solo quiero hacerlo desaparecer y que deje de estar ante mí. Claramente, mi basura me delata, y es increíble como esta me ayuda a ser consciente de mis propias carencias y a darme la oportunidad de trabajarlas.

Es por eso que siempre digo que este camino no solo nos ayuda a reducir nuestra basura material, sino también nuestra basura mental y la que hay en lo más profundo de nosotros.

4.
Beneficios de la vida sostenible

**La simplicidad, el agradecimiento
y la reconexión con la naturaleza**

> Observar para agradecer, agradecer para valorar,
> valorar para disminuir nuestras necesidades.

En esta sociedad cada vez más urbanizada, existe una desconexión entre nosotros y la naturaleza tan inmensa que, a pesar de que se nos haya caído la venda de los ojos y seamos conscientes de que tenemos un problema y de que hay que actuar de inmediato, no siempre somos capaces de reaccionar.

Sabemos y sentimos que tenemos el deber y la responsabilidad de hacer algo, pero estamos tan inmersos en el bullicio, en las rutinas del día a día, y en la corriente dominante, que pensar que debemos salvaguardar, o algo aún más simple, respetar, algo con lo que hemos perdido la conexión, y con lo que prácticamente no tenemos contacto, es difícil de asimilar.

Yo también había perdido esa conexión desde hacía muchos años, creo que desde que era muy pequeña no me había parado a observar la naturaleza con detenimiento. Cuando lo haces, cuando te fijas en los detalles que a menudo pasan desapercibidos, como ver los árboles que superan el invierno más frío para luego florecer, el sol que sale cada mañana sin fallar ni un solo día o detalles más pequeños, como una hormiga cargando su comida, una araña tejiendo o la sensación que se tiene al tocar la tierra con los pies descalzos, es imposible no ver y apreciar lo maravillosa que es la naturaleza en todas sus formas. No deja de ser sorprendente cómo pone a disposición de todos los recursos necesarios para vivir sin discriminación.

Observar me llevó a agradecer. Cuando observas cómo actúa y funciona la naturaleza, el agradecimiento surge de manera espontánea. Se nos enseña desde pequeños a dar las gracias por cada gesto de bondad que recibimos, ¿y acaso hay mayor gesto de bondad que el que tiene la naturaleza con nosotros, puesto que nos da oxígeno para respirar, agua para beber, alimentos para comer, un lugar donde vivir y todo a lo que tenemos acceso hoy en día?

El agradecimiento es una de las herramientas más poderosas que existen para ser felices y cambiar el mundo que nos rodea. Agradecer todo lo que tenemos y lo que no, agradecer los esfuerzos de los demás en su lucha por un mundo mejor y que nos beneficia a todos, agradecer el simple hecho de respirar. Todo ello nos permite valorar más lo que tenemos.

Una de las cosas que me pasa ahora cada vez que adquiero algo y que surge de manera espontánea, algo que antes nunca me había pasado, es pensar en todo lo que se ha necesitado para que eso llegara a mí, en todos los recursos que la naturaleza ha dispuesto para crearlo y en todo el tiempo y esfuerzo que han empleado tantas personas implicadas en ello. Todo ello me ayuda a agradecer y cuidar cada cosa, y a ser consciente de su gran valor. Ojalá nunca lo olvide…

Observar, agradecer y valorar me han permitido tener una vista más amplia de las cosas, replantearme mis necesidades y disminuirlas sin que eso me supusiera un gran esfuerzo.

A medida que «mis necesidades materiales» han ido disminuyendo, que mis apegos a las cosas superfluas han ido desapareciendo, la sensación de libertad y felicidad han sido cada vez más grandes. Porque este camino es un camino de desapego. Desapego de viejas costumbres y conceptos y desapego de la vida frenética de consumo que te impide vivir en plenitud. Podemos definirlo como un cambio de centro, elegir entre una vida centrada en tener o una vida centrada en ser.

Sin duda, ver cómo la reconexión con la naturaleza me ha llevado a vivir una vida más plena y consciente, cómo la simplicidad se ha convertido en parte esencial y cómo esta nos ha traído tanta paz a mi familia y a mí ha sido uno de los mejores regalos que nos ha dado la vida.

Poder disfrutar de las cosas más aparentemente insignificantes, priorizar las experiencias y desprenderme de cosas que antes consideraba esenciales y ver cómo de pronto se volvieron irrelevantes ha sido tan liberador… Y es que la libertad se basa justamente en eso, en tener cada vez menos necesidades. Ojalá todas las personas puedan experimentar algún día la libertad que se siente cuando comienzas a desprenderte de los apegos.

Personalmente, todavía me queda un largo camino por recorrer, sigo teniendo muchos apegos innecesarios, mi falta de agradecimiento sigue presente en muchos aspectos de mi vida y aún hay muchísimas cosas que mi mente humana limitada no llega a entender y que seguramente nunca lo haga, pero me da una paz inmensa saber que estoy recorriendo el camino que me permite luchar por aquello que siento que es bueno y justo para todos.

Tiempo, dinero y calidad de vida

Existen muchos mitos en torno a la vida sostenible; entre ellos, los más extendidos son que este estilo de vida solo puede llevarlo gente que tiene mucho tiempo libre, mucho dinero en los bolsillos y nada importante que hacer con su vida, pero créeme, no es mi caso y, curiosamente, al contrario de lo que se piensa, funciona al revés. Esto es un camino que sirve para simplificar nuestra vida, no para complicarla más, para tener más tiempo para lo que realmente importa y para invertirlo mejor. De esta manera, nuestra calidad de vida aumenta. Igualmente, cuando la gente valora desde fuera lo que implica cuidar del medioambiente, se siente abrumada pensando en todo el tiempo que se necesita para conseguir un estilo de vida que respete el entorno.

En parte tienen razón, se necesita tiempo. Cuando comencé este estilo de vida, inicialmente dediqué mucho tiempo a buscar alternativas a los desechables y lugares donde poder comprar a granel y demás. En la actualidad, es muy fácil encontrar grandes comercios con todo tipo de productos envasados y desechables, pero no es tan común encontrar localmente alternativas más sostenibles y respetuosas con el medioambiente. No disponemos de tantas facilidades, y eso requiere tiempo.

Tardé varios meses en encontrar aquellos lugares donde hacer mis compras semanales y mensuales con mis propias bolsas y recipientes. Durante todos esos meses fui comprando en diferentes sitios, mercados, tiendas a granel, tiendas de barrio..., pero no fue hasta que pasaron varios meses cuando encontré definitivamente aquellos lugares donde me sentía cómoda comprando, donde encontré las cosas que me gustaban y que, además, podía permitirme económicamente. Bueno, y donde no me miraran como si fuera una extraterrestre; eso también lo tenía en cuenta.

Por otro lado, también me llevó tiempo encontrar alternativas a los desechables. En mi caso, porque por aquel entonces ni siquiera sabía si existían alternativas reutilizables a lo que yo buscaba y, si las había, no sabía dónde poder comprarlas.

Hay que tener en cuenta que es un cambio de estilo de vida muy grande y que encontrar alternativas más sostenibles que se adecuen a nuestras necesidades requiere su tiempo, pero cuando ya has encontrado los lugares donde comprar y tienes tus alternativas reutilizables, la estabilidad y el equilibrio comienzan a aparecer. Además, cuando comienzas a centrar tu vida en las experiencias y no en las cosas, ya no sientes la necesidad de malgastar tu tiempo en comprar cosas que ni necesitas ni te llenan ni te hacen feliz. Es ahí cuando notas la diferencia en el tiempo y cuando te das cuenta de que un estilo de vida de usar y tirar requiere muchísimo más tiempo; de hecho, se precisa una vida entera para ello. Es un círculo eterno del que nunca se sale. Solo necesitamos hacernos una pregunta: ¿cuánto tiempo dedicamos a consumir?

Cuando reduje mi consumo en todos los ámbitos, mi tiempo aumentó automáticamente porque mis necesidades ya no eran las mismas. Ya no vivía pendiente de ir a comprar todas aquellas cosas que creía que me faltaban, sino todo lo contrario, pronto sentí que tenía mucho más de lo que necesitaba.

El ritmo de vida actual es cada vez más acelerado y las ocupaciones, cada vez mayores. Para todo hay que correr y todo tiene que ser rápido, fácil y ahora. Pensar, parar o reflexionar se han vuelto incluso una pérdida de tiempo; sin embargo, nuestro tiempo no está condicionado tanto por las ocupaciones individuales de cada uno, sino más bien por cómo lo gestionamos o por cómo nos sentimos. Está regido por nuestras necesidades, y cuantas más necesidades tenemos, ya sean materiales o emocionales, más tiempo necesitamos para cubrirlas.

Mi frase más habitual por excelencia siempre ha sido: «No tengo tiempo». Tengo muchas cosas que hacer, no tengo tiempo para esto ni para lo otro, no me da la vida para tantas cosas… Y cuestionamientos más profundos, como por qué permitieron a Hiparco de Nicea dividir el día en veinticuatro horas y nadie propuso que se hiciera en más, aunque ese es otro tema. Pero nos estamos olvidando de algo esencial: dar valor al tiempo que tenemos. Valorar el tiempo implica invertirlo bien, disfrutarlo y no derrocharlo. También significa aprender a rechazar aquellas cosas que no aportan valor a nuestra vida y priorizar las cosas más importantes.

Yo no puedo decir que me sobra el tiempo, ni quiero que me sobre. Lo que quiero es poder disfrutar de los momentos que antes no podía, dedicar tiempo a cuidarme a mí y a los míos, tener tiempo para estar en contacto con la naturaleza, para aprender, nutrirme, ayudar y apoyar a los demás, y todo eso he podido alcanzarlo gracias a un cambio de hábitos y de conciencia. Sin eso, nada sería posible.

La preocupación sobre este estilo de vida también se centra en el dinero, tanto por la inversión que suponen los reutilizables como porque pensamos que comprar a granel, en mercados o tiendas de barrio es más caro que comprar en un supermercado, pero, en realidad, este camino nos permite ahorrar si entendemos algunos puntos importantes y aprendemos a gestionarlo bien.

En nuestra familia destinamos a la compra mensual, tanto de alimentos como de productos de limpieza e higiene, un cuarenta por ciento menos que la media de los españoles. Es lo mismo que gastábamos antes de empezar este estilo de vida, con la diferencia de que antes éramos tres y ahora somos cuatro y, sobre todo, de que antes no nos alimentábamos precisamente bien y, ahora, los alimentos que compramos son en su mayoría de proximidad, ecológicos y de mayor calidad. Pero para ello ha sido necesario en primer lugar un cambio en nuestros hábitos de consumo, porque, si hubiésemos continuado consumiendo igual que antes, simplemente «sustituyendo» un producto por otro, entonces sí que nos saldría más caro.

Por poner algunos ejemplos muy simples…

Si sustituimos los bastoncillos de oído de plástico desechable por otros de madera eco pero también de un solo uso, en lugar de por uno reutilizable, será más caro.

Si sustituimos las treinta botellas de plástico de agua embotellada que compramos por treinta botellas de vidrio en lugar de beber agua de grifo, también será más caro.

Si sustituimos diez botellas de zumo envasado en plástico por diez botellas de zumo envasado en vidrio en lugar de comprar fruta fresca, también será más caro.

Y así con todo, tanto en la alimentación como en cualquier otro ámbito.

Nuestros diez trucos para ahorrar

1. Simplificamos y reducimos nuestras necesidades.
2. Dejamos de comprar cosas que no necesitamos: ropa, electrónica y todo tipo de cosas superfluas.
3. Reutilizamos todo lo que ya tenemos. Es muy común que tengamos la tentación de comprar cosas nuevas al princi-

pio, pero muchas veces podemos apañarnos con lo que ya tenemos. Un ejemplo son las fiambreras, que queremos sustituir por otras de vidrio o acero cuando tenemos de plástico que están en perfectas condiciones y que podemos seguir utilizando. O tarros para conservar los alimentos cuando seguramente tenemos (o tendremos) tarros de antiguas conservas. La clave es tener menos, no más.

4. Hacemos nosotros mismos algunos de nuestros productos de cosmética, limpieza e higiene personal.

5. Compramos alimentos de temporada, que es cuando más baratos están.

6. Reducimos el consumo de carne y pescado y aumentamos el de legumbres, verduras y frutas.

7. Sustituimos todos los desechables por su alternativa reutilizable. Dejar de comprar agua embotellada, papel film, maquinillas desechables, compresas, toallitas, etcétera, supone un ahorro importante y, aunque las alternativas reutilizables *a priori* parecen más caras, no olvidemos que son cosas que compramos generalmente una vez, no indefinidamente, como pasa con los desechables. Una vez que recuperas la inversión, el ahorro es enorme.

8. Compramos de segunda mano cualquier cosa que necesitamos.

9. Cocinamos más. Los alimentos procesados y precocinados son muy caros y, además, no son sanos. Y cuando encontramos recetas sencillas y rápidas, tardamos menos en prepararlas que en ir al supermercado a comprarlas ya hechas.

10. Vendemos las cosas que ya no usamos. Así, además de ahorrar, ganamos algo.

Estos trucos son los que nos han ayudado a ahorrar dinero, pero también tiempo. Todo requiere esfuerzos, porque no se trata de abrir la boca y esperar que nos caiga el pastel, pero la recompensa siempre será mayor que el esfuerzo y cada paso que demos aportará valor a nuestra vida.

5.
Guía práctica para reducir nuestro impacto

5.1. POR DÓNDE EMPEZAR

¿Qué es el movimiento residuo cero?

El movimiento residuo cero, popularmente conocido como *zero waste* en inglés, consiste en reducir al máximo los residuos y la basura que generamos cotidianamente siguiendo en orden las «erres ecológicas» y aplicándolas a través de sencillos pasos que iremos conociendo a través de esta guía, tanto para reducir nuestro impacto ambiental dejando de contribuir a la generación de residuos que acaban en los vertederos e inundan los mares, como también para simplificar nuestra vida y priorizar el disfrute de una vida plena y consciente, rica en momentos y experiencias por encima de las cosas materiales que no nos aportan nada significativo.

Es una herramienta para cambiar la corriente desenfrenada consumista por un modelo de consumo más reflexivo, responsable y sostenible a través de pequeñas acciones concretas que dan lugar a grandes cambios.

En definitiva, una patada al consumismo para demostrar que se puede vivir igual de bien, incluso mejor, respetando el entorno.

Bea Johnson, autora de *Zero Waste Home*, fue una de las pioneras en dar a conocer este movimiento y motivó a personas de todo el mundo a sumarse y a seguir los mismos pasos hacia una vida más sostenible, simple y rica en vivencias. Pero no es la única: Lauren Singer, autora del blog *Trash is for Tossers*, es una de las grandes *influencers* del movimiento, así como otras personas de habla hispana que llevan mucho tiempo en el camino, como Yve Ramírez, autora del blog *La Ecocosmopolita*, Ally Vispo, autora del blog *Viamalama*, o Ale y Agustín, de *Vaya Consumismo*, que promueven este movimiento en su comunidad y a través de las redes sociales, y otros miles de blogueros y otros cientos de miles de personas anónimas repartidas por el mundo que comparten ideas y alternativas a través de su propio ejemplo en su entorno o a través de las redes sociales para motivar a otros a cambiar sus hábitos. Todos y cada uno son parte del cambio y entre todos formamos una gran comunidad.

Y pensar que en mis inicios creía que era la única persona del mundo a la que se le había ocurrido vivir sin plástico…, ¿quién más podría estar tan loco? Ya ves…

En mi caso, conocí el movimiento residuo cero varios meses después de iniciar mi camino hacia una vida más sostenible.

Comencé reduciendo el plástico, pero me di cuenta de que mis residuos de papel y vidrio estaban aumentando considerablemente, lo cual me dejaba un sabor amargo. Por un lado, estaba contenta de disminuir el plástico, pero, por otro, pensé que tampoco tenía mucho sentido sustituir parte del plástico por papel o vidrio; ya que en mi caso tenía opciones a granel y la posibilidad de cocinar más y no comprar tantas conservas. Meses después, ya con mi blog en marcha desde hacía un tiempo, conocí el movimiento residuo cero. No recuerdo cómo fue, ni a través de quién, pero por fin encontré aquello que le daba sentido a lo que llevaba meses pensando y a ver más allá del plástico.

Y es que el movimiento residuo cero no consiste únicamente en rechazar y reducir el plástico de un solo uso, aunque a veces nos centremos en él y sea una confusión bastante extendida, sino cualquier desechable, independientemente del tipo de material, de su biodegradabilidad o facilidad de reciclaje.

También es un movimiento que nos lleva, consecuentemente, a tener presentes otros aspectos de la vida sostenible que nos permiten reducir nuestro impacto en el entorno a través de la alimentación, de la moda, del transporte, de la tecnología y de todo aquello que a día de hoy forma parte del hiperconsumismo.

Más allá de los residuos, trata en general de cambiar nuestro modelo de consumo actual por un modelo de consumo más consciente y responsable.

Pero eso no implica vivir en una cueva aislados de la civilización, bañarnos en barro (a no ser que te haga ilusión) ni retroceder diez mil años en el tiempo, aunque así crean que vivimos.

CÓMO NOS VEN LOS DEMÁS CUANDO HABLAMOS DE NUESTRO ESTILO DE VIDA

PREHISTÓRICAS SUCIAS Y MARUJAS

Es mucho más emocionante y más simple. Y lo único que hacemos es recuperar «algunas» de las buenas costumbres que tenían en el pasado para **readaptarlas** a la vida moderna, a nuestro modo de vida actual.

En casa, en menos de dos años, pudimos reducir el total de nuestra basura y residuos casi en un noventa por ciento respecto a lo que consume un ciudadano de Barcelona, que es donde vivimos.

Cuando llevábamos casi un año y medio reduciendo, nos propusimos calcular la basura que generábamos durante un mes los cuatro miembros de la familia. Por un lado, para ver hasta dónde habíamos llegado y qué cosas podíamos mejorar. Y, por otro lado, para mostrar a través del blog la realidad: que nuestra casa no es una casa cien por cien libre de plástico ni de otro tipo de residuos, que todavía nos queda mucho camino por recorrer y que nos encontramos con dificultades, como todo el mundo, pero que no por ello dejamos de sentirnos orgullosos de todo lo que hemos conseguido. Básicamente, teníamos el deseo de que quedara inmortalizado el momento en que confesábamos que seguimos siendo humanos. Y así queda la cosa, después de reducir algunos kilos más de basura desde aquel entonces...

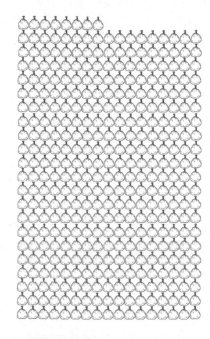

NUESTRA BASURA
⋛ ANTES Y DESPUÉS ⋛

89,9% MENOS

DESGLOSE DE LOS 192 KILOS
80% RESIDUOS ORGÁNICOS
19% RESIDUOS RECICLABLES
1% BASURA NO RECICLABLE

BASURA QUE GENERA UNA PERSONA, AL AÑO, EN NUESTRA CIUDAD **475 KG** (1,3 KG AL DÍA)

BASURA QUE GENERA UN MIEMBRO DE NUESTRA FAMILIA, AL AÑO **48 KG** (132 GRAMOS AL DÍA)

BASURA QUE GENERA UNA FAMILIA DE 4 MIEMBROS, AL AÑO, EN NUESTRA CIUDAD **1.898 KG**

BASURA QUE GENERAMOS ENTRE LOS CUATRO MIEMBROS DE LA FAMILIA, AL AÑO **192 KG**

ENTRE LOS CUATRO, GENERAMOS UN 60% MENOS QUE LA MEDIA QUE GENERA UNA SOLA PERSONA EN BARCELONA

Evidentemente, esto es una media, hay meses que generamos más y meses que generamos menos, y es algo que animo a todos a hacer cuando lleven un tiempo reduciendo, como ejercicio de concienciación y de motivación.

También hay que aclarar algunos conceptos...

Entendemos como basura aquello que no puede ser reciclado ni reaprovechado de ninguna manera. Por ejemplo, las pajitas, bastoncillos de oído, maquinillas, pegatinas, *tickets*, compresas, pañales y un larguísimo etcétera. Todas estas cosas se convierten directamente en basura porque no se reciclan. Por otro lado, un residuo es todo aquello que, una vez que acaba su vida útil, puede reciclarse y reaprovecharse de alguna manera: vidrio, papel y cartón, plástico reciclable, acero, materia orgánica, etcétera.

Aunque, en mi caso, cuando hablo de basura, me refiero tanto a esta como a los residuos, para simplificar y no rizar más el rizo.

A veces crea confusión ver en blogs o redes sociales a gente que muestra su basura de todo un año en un pequeño tarro de vidrio, imposible e inalcanzable, ¿no? Yo también lo pensé.

La primera vez que vi a Lauren Singer con un tarro en el que decía que había toda su basura de cuatro años, me pareció sobrehumano. Pero, en realidad, no entendí bien en aquel momento que lo hay en esos tarros es aquello que la persona no ha podido rechazar, reducir, reutilizar o reciclar, es decir, lo que muestran es basura, no residuos todavía aprovechables. Para entenderlo mejor, en ese tarro estaría nuestro uno por ciento de basura no reciclable, no el noventa y nueve por ciento restante.

Cómo conseguirlo lo iremos viendo a lo largo de la guía, donde podrás ver todas las alternativas y trucos que he ido aprendiendo durante el camino, lo que me ha servido, lo que no y lo que todavía me falta.

Y aunque no podemos reducir aquello que escapa de nuestro control, como son los residuos que se generan industrialmente para el acabado de un producto final o los que se generan en el restaurante al que decidimos ir a comer un domingo, por poner un ejemplo más simple, sí que podemos aprender a reducir la basura que producimos directamente y que solo depende de nuestras decisiones de consumo.

Hay quien puede pensar que nosotros tenemos una condición privilegiada respecto a los demás, pero esto no es así, nos encontramos con las mismas dificultades que se encuentran la mayoría de las personas. Somos padres veinticuatro horas al día, trabajamos, tenemos responsabilidades, no tenemos servicio de *catering* ni de limpieza ni de cuidadores y, además, dedicamos parte de nuestro tiempo a trabajar de manera voluntaria para contribuir a un mundo mejor. La única diferencia está en que hemos evitado limitarnos y nos hemos centrado en todo aquello que sí que podemos hacer para sacar el máximo provecho a nuestras circunstancias con el deseo de dejar de ser parte del problema y comenzar a ser parte de la solución.

Nuestro poder como consumidores es mucho mayor del que podemos llegar a imaginar. Con simples y pequeños gestos, y a través del ejemplo, podemos crear una ola de cambio que desvíe la corriente actual y le dé un nuevo rumbo. No es poco ni insignificante todo lo que podemos llegar a conseguir.

Y es así como debemos interpretar el cero de «residuo cero», no como un objetivo que cumplir a toda costa de manera literal, en el que el proceso se convierte en una especie de competición a ver quién llega antes, sino como algo simbólico que está ahí para recordarnos que siempre podemos superar nuestros límites autoimpuestos y hacer un poquito más de lo que hacemos, pero sin fustigarnos, sin culpas y sin remordimientos. Simplemente disfrutando del desarrollo de nuestro propio progreso.

Esto es un camino en constante evolución en el que nunca dejamos de aprender y de meter la pata, para qué negarlo, pero en el que todo es útil y necesario para avanzar. No hay nada inútil durante el proceso, ni siquiera las novatadas por las que pasamos la mayoría. Por eso, una vez más, te animo a olvidarte del cero y a disfrutar del camino.

Las siete erres

Las erres ecológicas vendrían a ser como un tamiz. En este caso, el orden de los factores sí que altera el producto, por lo que seguir las erres en orden es muy importante para poder tener éxito, y solo pasamos a la siguiente erre si la anterior ha conseguido pasar por el tamizador.

Aunque generalmente en el movimiento residuo cero se utilizan cinco erres (rechazar, reducir, reutilizar, reciclar y reintegrar o compostar), lo cierto es que se pueden añadir todas las que creamos necesarias. Personalmente, he añadido dos más que considero también esenciales, aunque, antes de empezar, que no nos falte la erre de resetearnos.

1. Reflexionar

Una vez que estamos a cero, creo que reflexionar debe ser siempre la siguiente erre que tengamos en cuenta.

Una de las cosas que he aprendido en todos estos años es que, si no reflexionamos y tomamos conciencia del porqué es importante un cambio de hábitos, un cambio en la manera en que consumimos y vivimos, nos costará mantener mucho más los cambios que hagamos y hacer que perduren en el tiempo.

Sin embargo, cuando reflexionamos y estamos convencidos de que lo que hacemos es lo correcto, cada cambio se convierte en fuente de motivación y llevarlo a cabo nos resulta más simple. Además, nos ayuda a no perdernos ni desmotivarnos demasiado cuando aparece la frustración.

Pero también reflexionar antes de cada compra sobre lo que hay detrás de cada acto de consumo, sobre el impacto y las consecuencias que tiene en el medioambiente, en las personas implicadas para que ese producto esté a la venta y en otros seres vivos nos puede ayudar enormemente a decidir si realmente lo necesitamos o no.

En esencia, reflexionar es una erre complementaria, es decir, es sumamente importante durante todo el proceso, pero no sirve de nada si no la acompañamos de otra erre que nos lleve a la acción.

2. Rechazar

Es la erre más importante de todas: rechazar todo aquello que no necesitamos, que es superfluo en nuestras vidas o que pronto se convertirá en basura. Desde *tickets*, regalos promocionales, pajitas, bolsas, propaganda, ofertas, etcétera, pasando por regalos, ropa, electrónica y cualquier cosa que nos incite a consumir sin reflexionar, que no nos aporte nada significativo y que suponga un desperdicio de recursos cuando es algo innecesario.

Rechazar los productos de un solo uso, independientemente del material que sean, y los productos que no sean respetuosos con el medioambiente es una acción fundamental.

Frases como «no, gracias», «no me ponga bolsa, traigo la mía» o «sin pajita, por favor», con una sonrisa, son buenas acompañantes siempre.

Solo con rechazar algo que no nos requiere prácticamente esfuerzo ya estamos evitando la generación de muchísimos residuos, y es la manera más efectiva de ahorrar dinero. Además, cuando compramos o aceptamos coger algo que no necesitamos, estamos pidiendo que se fabrique más, estamos generando demanda.

Por eso, antes de aceptar o comprar algo, hagámonos la siguiente pregunta: ¿realmente lo necesito? Y si no somos capaces de contestarnos a esta pregunta, continuemos preguntándonos: ¿me ayuda a reducir la basura o la aumenta? ¿Puedo sustituirlo por algo que ya tengo? ¿Puedo hacerlo yo mismo sin mucho esfuerzo? ¿Está hecho de materiales respetuosos con el medioambiente? ¿Tiene una vida útil larga? Y la pregunta final: si no lo compro o lo acepto, ¿cambia algo?

3. Reducir

Después de rechazar, reducir es lo más importante. Ya hemos rechazado todo lo que no necesitamos, pero, dentro de lo que necesitamos, todavía podemos reducir, y reducir siempre va acompañado de simplificar. Reducir el volumen de los residuos que generamos a través de un consumo más consciente, como hacer la compra a granel con nuestras propias bolsas y recipientes o evitar los productos sobreempaquetados o las monodosis. Reducir la cantidad de productos que usamos en cosmética, limpieza, higiene, etcétera, y simplificar para quedarnos solo con aquello que consideremos esencial. Reducir el desperdicio de recursos ahorrando agua y energía, y también combustible, utilizando menos el coche y más la bicicleta o los medios de transporte público. Reducir nuestro impacto en el medioambiente y en la vida de las personas y de otros seres vivos a través de nuestras decisiones de consumo (qué compramos, cómo ha sido producido, en qué condiciones, de qué material está hecho...). Todo esto no trata solo de evitar residuos, sino también de tener en cuenta el ciclo de vida de cada cosa que decidimos consumir.

Otra manera importante de reducir es cocinando más en casa o haciéndonos nuestros propios cosméticos, productos de higiene y limpieza.

Cocinar más en casa nos permite evitar la generación de muchos residuos que normalmente creamos con la compra de alimentos procesados o precocinados, pero también nos permite ganar en salud, lo cual se convierte en una inversión de vida.

Por otro lado, hacernos nuestros propios productos nos permitirá también reducir envases y nuestro impacto en el planeta siguiendo recetas muy simples que se hacen en pocos minutos.

Y la simplicidad de lo que hacemos es importante, porque podemos caer en el error de hacer tantas cosas que al final no nos quede tiempo para disfrutar de aquellas que verdaderamente importan.

Fue otra de las novatadas de mis inicios. Comencé a hacer cosas complejas que, además de no funcionarme, me consumían mucho tiempo. Por ejemplo, recuerdo haber probado hasta cinco recetas de jabón para platos, a cada cual peor, o de haberme hecho durante un año mi propio jabón para la ropa, pero eran tareas que cada vez me costaba más mantener porque prepararlas me suponía demasiado tiempo. Al final decidí comprar esos productos a granel, una decisión que, si hubiese tomado desde el principio, me habría ayudado a ganar tiempo, pero aquella experiencia me sirvió para aprender la importancia del discernimiento, de encontrar un equilibrio y de entender que no podemos hacerlo todo, porque podemos agobiarnos demasiado pronto y nos terminará resultando un camino pesado cuando, en realidad, de lo que se trata es de simplificar para vivir mejor. A partir de aquel día, decidí comprar a granel los productos que me estaban quitando tiempo para hacer otras cosas importantes. Yo ganaba tiempo y, a la vez, también apoyaba al pequeño comercio con mis compras.

Pero, por otro lado, continúo cocinando más en casa y haciéndome varios de los cosméticos, productos de higiene y de limpieza de la casa, que se preparan una vez cada varios meses y en pocos minutos, me funcionan estupendamente, no me suponen ningún esfuerzo y me permiten ahorrar envases y reducir mi impacto utilizando ingredientes inocuos para el medioambiente.

Cada uno debe encontrar su propio equilibrio en este aspecto.

Al final, reducir es un arte. Es algo que nunca dejas de aprender ni de mejorar. Cuanto más lo practicas, más lo perfeccionas, y no existe un límite definido, solo el que nos marquemos nosotros.

4. Reutilizar

Después de rechazar y reducir, y siempre reflexionando como una parte complementaria de cada erre, reutilicemos.

Sustituyamos todos los desechables por su versión reutilizable, pero, antes de comprar algo nuevo, utilicemos y reutilicemos todo lo que ya tenemos hasta que acabe su vida útil.

Por ejemplo, mientras tengamos desechables en casa, utilicémoslos y aprovechemos ese tiempo, hasta que se acaban, para buscar una alternativa reutilizable.

Reutilicemos todos los tarros de vidrio que vayamos acumulando de la compra de conservas u otras cosas para conservar nuestras compras a granel o nuestras comidas preparadas.

Si hemos ido acumulando papeles o cartones que todavía tienen espacios libres, recortémoslos y utilicémoslos para apuntar notas.

Si tenemos fiambreras de plástico, no las desechemos, pueden sernos muy útiles para hacer nuestras compras. Si decides que no quieres utilizarlas más porque no quieres que estén en contacto con los alimentos, puedes aprovechar esas fiambreras para guardar otras cosas y ordenar cajones y armarios.

Y si finalmente no queremos utilizar más lo que ya tenemos, regalémoslo a familiares, amigos o vecinos, que sabemos que lo comprarán igual.

Fue lo que me pasó a mí con algunos desechables del baño y la cocina. Ya tenía la versión reutilizable desde hacía varios meses y, después de tanto tiempo, no quería continuar usando desechables, por lo que lo regalé a personas que los compraban y a los que la idea de los reutilizables todavía no les convencía. No es una solución, pero por lo menos no tiramos algo sin usar mientras otras personas lo están demandando. Yo misma caí en el error de tirar varios desechables que estaban sin usar antes de llegar a esta reflexión. Otra novatada más.

Al principio tenemos muchas ganas de deshacernos de todos los desechables, pero debemos reflexionar y no dejarnos llevar por la emoción del momento.

Comprar de segunda mano también es una buena manera de reutilizar y de darles una segunda vida a cosas que otras personas ya no utilizan: ropa, electrónica, libros, muebles…, lo que se traduce en un ahorro tanto económico como ambiental.

En nuestro caso, la compra de segunda mano de cualquier cosa que necesitemos siempre es nuestra primera opción.

Dentro de esta categoría también entra el dar la oportunidad a las cosas que tenemos, y no usamos, de que puedan seguir siendo utilizadas. Si tenemos cosas que todavía pueden estar en uso, pero ya no las queremos por el motivo que sea, podemos regalarlas, venderlas o donarlas o incluso transformarlas o hacer manualidades con ellas si no están en condiciones de poderlas vender o regalar.

Y, por último, reparar para alargar así la vida útil de nuestros bienes. Hoy en día, comprar algo nuevo es tan económico que son pocas las personas que se plantean reparar. Yo misma, antes de comenzar con este estilo de vida, pensaba: «¿Para qué voy a reparar algo que me cuesta más barato comprarlo nuevo?». Se llama «obsolescencia programada» y está organizado de esa manera para que consumamos más. Los fabricantes determinan la vida útil de un producto o de una moda para garantizar que sigamos comprando, de ahí que las cosas ya no duren nada y se rompan con tanta facilidad. Por eso, tengamos en cuenta todos los recursos que se desperdician cuando tiramos algo que podemos reparar y todos los nuevos recursos que requiere un producto fabricado desde cero.

5. Reciclar

Como ya sabemos, el reciclaje está lejos de ser una solución, pero no por ello deja de ser muy importante para que nuestros residuos sean gestionados y no acaben en el vertedero o en el mar.

Si no hemos podido rechazar, reducir o reutilizar algo, debemos depositarlo en el contenedor correspondiente, una vez que acabe su vida útil, para que pueda ser reciclado. Dentro de la sostenibilidad, este sería el paso más básico que seguir, sin ningún tipo de excusa.

6. Reintegrar

Reintegremos los residuos orgánicos en la naturaleza a través del compostaje.

Los desechos orgánicos representan casi el cincuenta por ciento de los residuos domésticos y, aunque son recursos muy valiosos siendo totalmente compostables y pueden servir como nutrientes para la tierra, cuando acaban en el vertedero obtenemos el efecto contrario.

Los vertederos son anaeróbicos, es decir, no hay presencia de oxígeno, y la descomposición de la materia orgánica en ellos produce gases de efecto invernadero que contribuyen significativamente al calentamiento global, como el CO_2 o el metano, un gas veinticinco veces más contaminante que el dióxido de carbono.

Hay diferentes maneras de gestionar la materia orgánica:

Compostaje doméstico: Se puede hacer compost en el jardín, la terraza o el huerto, pero también dentro de una casa o piso con poco espacio.

Compostaje comunitario: Cada vez es más común el compostaje comunitario gestionado por vecinos o huertos de la zona. Es una muy buena opción para quien no tenga la oportunidad de hacer su propio compost. Puedes informarte sobre si hay en tu zona o incluso buscar pequeños huertos donde puedas llevar tus residuos una vez por semana.

Compostaje industrial a través de la recogida selectiva: En mi ciudad, por ejemplo, existen contenedores específicos donde se depositan los residuos orgánicos, que después son transportados a una planta de compostaje industrial.

Si no tenemos ninguna de estas opciones, siempre podemos escribir a nuestro ayuntamiento y lanzar una petición para que, en el futuro, el compostaje comunitario o industrial sea posible.

7. Reclamar

Todos tenemos el derecho a vivir en un ambiente sano, y así se recoge por ley en la mayoría de los países del mundo, sino en todos. Por esto mismo tenemos el derecho a reclamar el cumplimiento de la ley que nos obliga, a todos por igual, a preservar el medioambiente y a no comprometer las necesidades de las generaciones futuras.

Reclamar y exigir a las empresas, industrias y gobiernos que adopten un modelo de desarrollo sostenible y mejoren sus prácticas medioambientales y sociales en beneficio de todos es esencial y puede tener consecuencias positivas muy significativas.

Un ejemplo de ello ha sido la campaña #DesnudaLaFruta[13] lanzada en 2018, promovida inicialmente por Isa, autora del blog *La hipótesis Gaia*, y Patri y Fer, autores del blog *Vivir Sin Plástico*, a la que nos fuimos sumando muchas otras personas para exigir a los supermercados que dejen de envasar absurdamente la fruta y la verdura en plástico y que respeten el mejor envase, que es su propia piel, y permitan a los consumidores comprar con sus propias bolsas de tela. La campaña comenzó en España, pero en poco tiempo se hizo viral y se sumaron a ella personas de todo el mundo exigiendo lo mismo, de modo que se convirtió en una campaña mundial reconocida por todos los medios. Es un ejemplo de cómo exigiendo y reclamando podemos crear un efecto dominó que haga que se sumen personas de todo el mundo y aunemos fuerzas para luchar por un bien común. ¿Se conseguirá un cambio? Seguro que sí, aunque habrá que esperar para verlo, pero lo que está claro es que, si nosotros no nos movemos, el mundo no se mueve y debemos confiar también en nuestro poder como consumidores.

Normalmente, lo que hacemos por el medioambiente es contrarrestar nuestro impacto con pequeñas acciones cotidianas, intentar poner la balanza a cero, pero también es importante llevar a cabo acciones que sumen. Realizar alguna forma de activismo, participar en campañas de concienciación, difundir información y compartir artículos de interés por las redes sociales animando a los demás a sumarse, además de exigir, reclamar y dar ejemplo son una manera activa y efectiva de sumar.

¡A por el primer paso!
Ya somos conscientes del problema y tenemos las herramientas necesarias para poner solución comenzando por nuestro propio cambio. Solo necesitamos dar el primer paso. Todo, absolutamente todo, comienza a partir del primer paso y seguramente es lo que más cuesta, por eso es el más importante. Una vez conseguido, veremos cómo todo lo demás fluye por sí solo y ya no querremos parar porque, quizás todavía no lo sabes, pero este camino «engancha».

5.2. IDEAS Y ALTERNATIVAS PARA REDUCIR

Alimentación

> Cada vez que gastas dinero estás emitiendo un voto del tipo de mundo que quieres tener.
> ANNA LAPPÉ

Hoy en día, la manera como elegimos alimentarnos influye de manera drástica en nuestro mundo. Algo tan simple como qué comemos, una elección que consideramos personal y libre y cuya repercusión generalmente pensamos que solo se limita a nuestra salud, puede ser uno de los mayores contribuyentes al cambio climático, a la sobreexplotación y al agotamiento de los recursos, a la degradación de la tierra, a la deforestación, a la escasez de agua, al sufrimiento y extinción de especies, a la generación de residuos descomunales, a las injusticias sociales, a la esclavitud, a la pobreza...

El movimiento residuo cero está intrínsecamente relacionado con la alimentación. Al inicio, en lo que solemos centrarnos es en evitar los envases, pero eso mismo nos lleva a hacer compras más conscientes. Por ejemplo, en mi caso, nunca antes había tenido en cuenta el origen de nada de lo que compraba, jamás me había cuestionado todo lo que podía haber detrás de cada alimento, solo me preocupaba de que parte de lo que compraba fuera ecológico, ya que tenía (y tengo) especial obsesión con los agroquímicos y los transgénicos que se utilizan en la agricultura tradicional, tanto por el efecto que pueden tener en nuestra salud como por el que tienen en la Tierra. Pero, más allá de esto, nunca reflexioné sobre la huella tan grande que deja nuestra alimentación, tanto en el medioambiente como en la vida de las personas y del resto de los seres vivos. Querer evitar los envases hizo que me olvidara de las grandes cadenas de supermercados y comenzara a comprar en mercados locales, lo que me llevó a estar en mayor contacto con los alimentos y a tener la oportunidad de conocer el origen de lo que compraba. Con el tiempo, mis decisiones dejaron de estar solo regidas por querer evitar los envases y comencé a tener en cuenta también todo lo que hay detrás de cada producto que compro.

Ideas para reducir nuestra huella en la alimentación

REDUCIR O ELIMINAR DE NUESTRA DIETA
EL CONSUMO DE CARNE

La agricultura, y especialmente la ganadería, es la industria que más contribuye al cambio climático. El sector ganadero emite más emisiones de gases de efecto invernadero[14] que todos los medios de transporte juntos, es el responsable del ochenta por ciento de la deforestación del Amazonas,[15] territorios que se ocupan para pastos y monocultivos con que alimentar al ganado (aunque no es, ni mucho menos, el único lugar deforestado por esta causa), y contribuye exponencialmente al cambio climático, a la pérdida de la biodiversidad y a la contaminación del agua. Además, la ganadería industrial mantiene a los animales hacinados, donde enferman y se les atiborra de antibióticos. Prácticamente no se pueden mover por el espacio tan reducido en el que viven y mueren sin llegar nunca a ver la luz del sol.

Por otro lado, la pesca de arrastre es extremadamente invasiva y lo destruye todo a su paso. Los peces que se capturan y se devuelven muertos al mar pueden alcanzar hasta el setenta o el noventa por ciento con este método.[16] Actualmente ya hemos acabado con el noventa por ciento de los peces grandes y se estima que, para el año 2048, los océanos estarán totalmente vacíos de toda clase de pescado comercial.

Si comes alimentos de origen animal, puedes empezar a reducir el consumo con simples y pequeños cambios.

- **Los #LunesSinCarne** es una campaña internacional que anima a las personas a no consumir carne durante ese día para reducir su huella. Si tienes costumbre de comerla cada día, puedes proponerte empezar por no consumirla un día a la semana.

- **Busca y experimenta con recetas veganas e inclúyelas en tu dieta.** Créeme, más allá de la lechuga hay todo un mundo de platos riquísimos sin la necesidad de carne. Yo era de las que pensaba que la comida vegana era aburridísima, pero, curiosamente, mi dieta se basaba casi en exclusiva en carne y cereales, no sé si habrá algo más aburrido que eso, y cuando dejé mis prejuicios a un lado me sorprendió muchísimo la cantidad de platos increíbles que se pueden preparar sin carne.

- **Reconcíliate con las legumbres.** Las legumbres están infravaloradas, pero son un gran sustituto de la carne y se presentan como uno de los mejores alimentos para mitigar el cambio climático. Tienen gran cantidad de nutrientes, su producción requiere menos recursos que la carne, contribuyen a reducir los gases de efecto invernadero, no necesitan ningún método especial de conservación, aguantan años sin perder sus propiedades nutricionales y, además, son tremendamente versátiles.

- **Carne, huevos y lácteos provenientes de animales en libertad.** La ganadería ecológica, en la que crían a los animales en libertad, siempre será mejor opción que la ganadería industrial. Dentro de la agricultura y ganadería ecológicas, los animales cumplen una función muy importante, pues ayudan a cerrar los ciclos de materia y energía y mantienen la fertilidad del suelo, pero sustituir toda la carne industrial que se come en la actualidad por carne ecológica, sin reducir su consumo, es totalmente inviable e insostenible. En menos de cincuenta años, el consumo de carne se ha disparado hasta niveles desorbitantes, y hemos pasado de comerla una vez cada tantos meses a comerla tres veces al día, pero es un ritmo imposible de mantener en el tiempo, por eso es tan importante reducir. En los pequeños mercados de agricultores y grupos de consumo, se pueden encontrar productos ecológicos de origen animal provenientes de granjas y pequeñas explotaciones ganaderas donde los animales han sido criados en libertad. En los mercados locales también pueden encontrarse, aunque, dependiendo del país o la ciudad, es menos frecuente.

- **Pescado de pesca sostenible.** En los mercados locales se puede encontrar pescado proveniente de la pesca sostenible certificada, lo que garantiza que los métodos de pesca han sido respetuosos con el medioambiente y con la biodiversidad: aunque en este caso pasa lo mismo que con la carne, si no reducimos el consumo, no será suficiente.
- **Pásate a una dieta vegetariana o vegana.** En realidad, no necesitamos comer alimentos de origen animal, hoy en día es más una cuestión de placer que de necesidad, pero, en la época en la que estamos, esta sería sin duda la medida más eficaz a corto plazo que podríamos llevar a cabo.

- Lo que está claro es que, en unos pocos años, comer carne será un lujo que muy pocos podrán permitirse, básicamente, porque las condiciones climáticas y la falta de recursos no van a hacer posible el acceso a esta, por lo que creo que es importante que nos vayamos acostumbrando a consumir menos productos de origen animal y que nuestra alimentación se base principalmente en alimentos vegetales.

CONSUME ALIMENTOS DE PROXIMIDAD Y DE TEMPORADA

Consumir alimentos de kilómetro cero tiene muchísimas ventajas. Nos permite conocer el origen de lo que compramos, incluso cómo, quién y en qué condiciones se ha producido, y se puede tener una relación directa con los agricultores. También nos permite comer alimentos de temporada, los cuales son más sanos, requieren de muchísimos menos recursos y menos agroquímicos, y son más económicos. Evitamos los intermediarios y los transportes kilométricos, apoyamos al pequeño agricultor y al comercio local y, además, tenemos mayor acceso a alimentos ecológicos.

A pesar de que se cree que la agricultura industrial es necesaria para alimentar al mundo, el setenta por ciento de la alimentación mundial es abastecida por pequeños agricultores, que usa tan solo un veinticinco por ciento de los recursos, frente a la agricultura industrial, que utiliza el setenta y cinco por ciento restante y solo alimenta al treinta por ciento de la población.[17] La agricultura intensiva degrada y erosiona los suelos, acelera el agotamiento de la tierra y destruye la biodiversidad.

Por otro lado, la globalización de los alimentos y la moda de los superalimentos también está dejando a su paso una huella medioambiental, económica y social muy grande. Los alimentos viajan miles de kilómetros por todo el mundo y la demanda excesiva afecta a las comunidades locales, un sinsentido en muchos casos, pues hay alimentos en los propios países con igual o más propiedades que el alimento que se importa o incluso este ya se cultiva en el país. La fiebre de los superalimentos, como la quinoa, las bayas de Goji, la chía, el aguacate y un sinfín de alimentos más, nos está llevando a perder el discernimiento. No soy nutricionista, pero dudo mucho que haya algún «superalimento» que nos dé superpoderes o nos vuelva inmortales. Además, si ponemos en peligro la salud de la Tierra con nuestra manera de alimentarnos, no sé de cuánto podría valernos gozar de buena salud.

Consume ecológico

Una agricultura ecológica puede ayudar a mitigar el cambio climático y reducir las emisiones de gases de efecto invernadero, mejorar la calidad del suelo, proteger la biodiversidad y disminuir el uso de recursos como el agua y la energía dependiente de combustibles fósiles, por eso es tan importante, tanto para la salud del planeta como para la nuestra, pero aquí también es esencial hacer uso del discernimiento. Un producto ecológico que ha sido cultivado en la otra punta del planeta, con una huella de carbono tan grande y que, además, viene envasado en plástico, hace que todo lo que se ganó en su cultivo lo pierda después y no sirva de nada.

En este sentido, consumir de proximidad, aunque no tenga sello ecológico, es mucho más sostenible que cualquier alimento transcontinental.

COMPRA DE COMERCIO JUSTO

Nuestra alimentación también afecta a la vida de las personas que hay detrás de lo que comemos. Una buena manera de beneficiar el comercio justo es comprar alimentos de proximidad a pequeños productores, pues así nos aseguramos de que las personas que hay detrás puedan vivir de su trabajo y no estén obligadas a vender sus productos por debajo de los costes de producción. Los alimentos que se importan desde hace siglos y que están tan introducidos en nuestra cultura, como el chocolate, el café o el azúcar, también es muy importante que sean de comercio justo, ya que detrás de este tipo de productos hay esclavitud infantil y violación de los derechos humanos hasta niveles inimaginables.[18] El sello *Fairtrade* nos garantiza que el alimento se ha producido de manera ética, en condiciones de trabajo dignas y salario justo.

EVITA EL DESPILFARRO DE ALIMENTOS

Producimos alimento suficiente para doce mil millones de personas, sin embargo, se desperdicia el treinta por ciento de lo que se produce a nivel mundial, mil trescientos millones de toneladas de alimentos van a la basura cada año mientras más de ochocientos millones de personas en el mundo sufren hambre.[19] Lo peor es que en los países occidentales se desechan una gran cantidad de alimentos simplemente porque se ven «feos» y no cumplen con los «estándares estéticos». Pero, cada vez que tiramos comida, tiramos todos los recursos empleados: agua, energía, fertilizantes, transporte, envasado, tiempo, trabajo… Solo centrándonos en el agua que se necesita para producirlos, un recurso cada vez más escaso, podemos hacernos una mejor idea de la huella de lo que consumimos.

HUELLA HÍDRICA DE LOS ALIMENTOS

¿CUÁNTA AGUA DULCE SE NECESITA PARA PRODUCIRLOS?

1 KG DE CHOCOLATE 17.196 LITROS	1 KG DE CAFÉ TOSTADO 15.897 LITROS	1 KG DE CARNE DE TERNERA 15.415 LITROS	1 L DE ACEITE DE OLIVA 14.400 LITROS
1 KG DE CARNE DE CORDERO 10.412 LITROS	1 KG DE CARNE DE CERDO 5.988 LITROS	1 KG DE CARNE DE CABRA 5.521 LITROS	1 KG DE CARNE DE POLLO 4.325 LITROS
1 KG DE QUESO 3.178 LITROS	1 KG DE ARROZ 2.497 LITROS	1 KG DE AGUACATES 1.981 LITROS	1 KG DE PASTA SECA 1.849 LITROS
1 KG DE MAÍZ 1.222 LITROS	1 L DE LECHE 1.020 LITROS	1 KG DE MANZANAS 822 LITROS	1 KG DE PATATAS 287 LITROS

Para evitar desperdiciar alimentos, podemos seguir algunos pasos sencillos:

- Compra lo necesario y evita dejarte arrastrar por las típicas ofertas, como las de «Llévate 3 y paga 2» o los *packs*, que nos incitan a llevarnos más de lo que necesitamos.
- Usa métodos de conservación eficientes como los que veremos más adelante y congela o haz conservas con los alimentos que no te dé tiempo de consumir.
- Compra fruta y verdura «fea y solitaria», están igual de buenas y las salvas del cubo de la basura.
- La fecha de caducidad no es lo mismo que «consumir preferentemente antes de». En este último caso, solo nos está diciendo que, hasta esa fecha, el alimento conserva todas sus propiedades, pero no quiere decir que pasada la fecha esté en mal estado, por lo que se puede consumir sin problema.
- Compra a granel solo las cantidades que necesitas.
- Cuando vayas al restaurante, llévate las sobras (las tuyas).

COME MENOS Y DISFRUTA MÁS

La verdad es que las personas que tenemos acceso a los alimentos con cierta facilidad comemos muchísimo más de lo que nuestro cuerpo necesita. Nos encanta comer, es uno de los mayores placeres de la vida, pero es que no paramos hasta que no podemos movernos de la silla. Además, la cosa se complica cuando vamos a un bufé libre o la comida es gratis, que, hasta que nos da el pinchazo en el costado que no nos deja respirar, no paramos (yo lo he hecho). Pero es importante que respetemos nuestra propia capacidad. Comer más de lo que necesitamos es lo mismo que tirarla y privar a otras personas de esos alimentos que hemos consumido sin necesidad. Mi truco para saber cuándo tengo que parar es comer con calma en lugar de engullir y dejar de comer cuando llega ese momento en el que pienso: «Ains, comería un poco más», aunque no siempre me hago caso, todo hay que decirlo. Eso, junto con agradecer por lo que la tierra nos da y disfrutar de la comida, hace que podamos aprovechar la energía de los alimentos para seguir con nuestras actividades diarias.

EVITA LOS PROCESADOS

Hoy en día, ya de por sí nos es difícil saber de dónde vienen los alimentos que consumimos, quién los ha cultivado o en qué condiciones, pero, en el caso de los alimentos procesados, ni siquiera sabemos qué son o de qué están hechos verdaderamente, es más, casi tenemos que estudiar una carrera para descifrar lo que pone en las etiquetas.

La comida procesada requiere de muchísimos más recursos que la comida sin procesar, y la cantidad de aditivos e ingredientes innombrables que se le añade afecta gravemente a nuestra salud, por eso es mejor reducirla y consumir más alimentos reales. Además, es una buena manera de ahorrar dinero y evitar el plástico, porque prácticamente toda viene envasada.

Haz un menú

Una de las maneras más efectivas que he encontrado para que nuestra alimentación sea más sostenible ha sido planificar un menú. Nos simplifica mucho el día a día y nos permite llevar a cabo, más fácilmente, lo que hemos ido viendo hasta ahora. Puede ser semanal, mensual o estacional.

Batch cooking (cocinar una vez para toda la semana)

El *batch cooking* consiste en cocinar el domingo durante unas dos o tres horas para toda la semana laborable.

La ventaja principal que tiene es que te permite ahorrar muchísimo tiempo durante toda la semana al no tener que cocinar. Un ejemplo de *batch cooking* para toda la semana podría ser una crema de verduras, albóndigas de soja texturizada, paella de verduras y legumbres, lentejas estofadas, variedad de verduras de temporada asadas al horno, arroz integral, trigo sarraceno, ensalada de pasta con verduras y legumbres, hummus, *crackers*, tostadas, frutos secos, fruta fresca, semillas, quesos, yogures... Si combinamos diferentes platos entre sí y conservamos en recipientes herméticos o congelamos los platos que aguanten menos tiempo frescos, podemos tener el desayuno, la comida, la merienda y la cena de toda la semana arregladas. Creo que es un método que funciona genial para estudiantes y para todas aquellas personas que no disponen de mucho tiempo o que no quieren dedicar más tiempo del necesario a cocinar. En nuestro caso, cocinar en un día suficiente comida para cubrir cinco días de alimentación para cuatro personas es inviable, sin embargo, la idea me llevó a organizar un menú de temporada.

Menú mensual o de temporada

Hacer un menú mensual o por estación te ahorra muchos dolores de cabeza y tiempo. Al principio lleva tiempo organizarlo, pero el que te ahorras después simplemente al no tener que pensar qué hacer de comer hace que valga la pena.

Para organizarlo, puedes apuntar en un papel todas las comidas de temporada que sepas hacer. No tienen por qué ser muy elaboradas, lo importante es que haya variedad. Después, en una hoja haz una plantilla mensual y posteriormente ve apuntando todas las comidas de cada día. Puedes pegar la plantilla en la nevera, así la tendrás siempre a mano.

Ventajas de hacer un menú semanal, mensual o de temporada

- Una vez que tienes el menú, puedes hacer la lista de la compra semanal y mensual en función de este, así puedes controlar más los alimentos que compras y las cantidades que necesitas. Esto también te ayuda a no despilfarrar comida y a ahorrar dinero.
- Puedes organizar un menú con los alimentos que puedes comprar a granel y con tus propios recipientes, de esta manera puedes evitar más fácilmente el plástico.

- Al tener un menú organizado, evitas terminar comprando y comiendo cualquier cosa.
- Además, te puedes hacer un menú que te permita llevar una dieta más variada y equilibrada, con más alimentos de origen vegetal y menos procesados.

Aunque siempre habrá quien no aguante y se lo salte…

Las compras

La mayor parte de los residuos que generamos en nuestro día a día provienen de nuestra cesta de la compra, por eso no es de extrañar que, cuando la gente escucha que hay personas que apenas generan residuos, lo primero que piensen es ¡imposible! Pero iremos viendo no solo que es posible, sino que, para la mayoría de las cosas, resulta bastante fácil evitarlos, siempre dependiendo de las circunstancias de cada persona, evidentemente.

¿Dónde compramos?

Uno de los primeros elementos que debemos atender son los lugares de compra que nos ofrecen mayor facilidad a la hora de comprar sin generar residuos innecesarios: mercados locales, fruterías de barrio, mercado de agricultores, tiendas a granel, grupos o cooperativas de consumo… Son lugares que, además de poder comprar en ellos sin residuos sin ningún problema, tienen muchos otros beneficios importantes que no solemos encontrar en un supermercado, tal como vimos ya.

Aunque cada vez hay más supermercados donde poder comprar con nuestras propias bolsas diferentes alimentos a granel, todavía están muy lejos de cumplir muchas de las otras ventajas que nos da comprar localmente. Por eso es importante tener presente que cada compra es un voto, con cada acto de consumo no solo adquirimos un producto, también manifestamos nuestro apoyo a empresas que realizan una serie de prácticas medioambientales y sociales con las que no siempre estamos de acuerdo ni nos representan.

Debemos intentar, dentro de nuestras posibilidades, apoyar con nuestras compras a aquellas empresas que representen nuestros valores, que sean transparentes y se esfuercen en contribuir a un mundo mejor, porque con cada compra lanzamos un mensaje claro que dice: «¡Ey! sigue así, lo estás haciendo genial, y aquí tienes mi apoyo para continuar».

Lo que necesitamos
Mientras decidimos los lugares donde haremos nuestras compras, podemos comenzar a buscar las cosas que necesitamos para comprar sin envases desechables.

¿QUÉ NECESITAMOS PARA HACER NUESTRAS COMPRAS?

BOLSA DE TELA GRANDE

BOLSA DE RED

CARRO

CESTO

PARA TRANSPORTAR TODAS LAS COMPRAS

BOLSA PARA EL PAN

TELA ENCERADA (WRAP)

BOLSAS DE TELA PARA LA COMPRA A GRANEL

BOLSAS DE MALLA PARA FRUTA Y VERDURA

TARROS

FIAMBRERAS DE VIDRIO, ACERO, PLÁSTICO...

GUANTE DE TELA O SERVILLETA PARA FRUTA O VERDURA

Una tela encerada (*wrap*) es una envoltura natural hecha con tela de algodón orgánico y cera de abejas o cera vegetal, entre otros ingredientes, que, con el calor de las manos, se adhiere a los alimentos o recipientes y adopta la forma que desees. Son perfectas para sustituir el film plástico o el papel de aluminio, ya que son reutilizables. Hay muchos videotutoriales para aprender a hacerlas de manera fácil, pero también se pueden comprar.

Evidentemente, no todo lo que hay en la lista es necesario, puesto que dependerá en gran medida de nuestros hábitos de compra: De hecho, más allá de unas bolsas de tela sencillas, algunas fiambreras y tarros de vidrio reutilizados, no hay nada más que sea imprescindible para realizar una compra sin residuos. Aun así, esto nos ayuda a conocer las opciones que existen.

Lo más importante es aprovechar lo que ya tenemos. Podemos ir mirando y apartando las cosas que vamos encontrando por casa: bolsas, botes de antiguas conservas, fiambreras…, seguro que son cosas de las que ya dispones y no tienes por qué comprarlas nuevas.

Aunque a veces pueda resultar tentador tenerlo todo nuevo, ten presente las erres de reducir y reutilizar. No tiene sentido reemplazar y desechar cosas que ya tenemos y que están en buen estado y comenzar este camino añadiendo más basura a nuestro cubo.

Incluso si las fiambreras, botes o bolsas que tienes son de plástico, no hay problema, reutilízalos y alarga su vida útil lo máximo que puedas.

Necesitaremos varias bolsas de diferentes tamaños para la compra a granel, tanto para fruta y verdura como para legumbres, arroces, pastas, etcétera. No tienen por qué ser bolsas específicas para cada cosa, se pueden usar las mismas para todo.

El número y tamaño de bolsas y recipientes dependerá de para cuántas personas se hagan las compras, y de la variedad y cantidad que se compre normalmente.

Una muy buena opción, antes de comprar bolsas nuevas, es hacer las nuestras, si tenemos la posibilidad, a partir de telas que ya tengamos.

Las opciones son infinitas y aptas para todos los presupuestos y seguro que, durante el proceso, surgirán muchas ideas más.

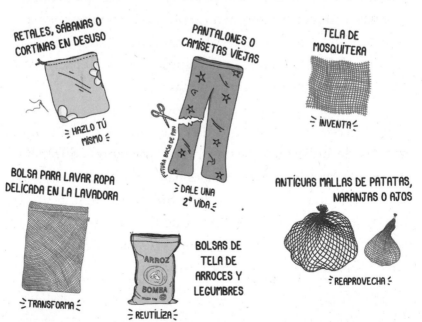

PUEDES HACER ⋛BOLSAS⋚ A PARTIR DE...

RETALES, SÁBANAS O CORTINAS EN DESUSO

⋛ HAZLO TÚ MISMO ⋚

PANTALONES O CAMISETAS VIEJAS

FUTURA BOLSA DE PAN

⋛ DALE UNA 2ª VIDA ⋚

TELA DE MOSQUITERA

⋛ INVENTA ⋚

BOLSA PARA LAVAR ROPA DELICADA EN LA LAVADORA

⋛ TRANSFORMA ⋚

ARROZ
BOMBA

BOLSAS DE TELA DE ARROCES Y LEGUMBRES

⋛ REUTILIZA ⋚

ANTIGUAS MALLAS DE PATATAS, NARANJAS O AJOS

⋛ REAPROVECHA ⋚

En mi caso, cuando decidí utilizar bolsas de tela para las compras, solo pensé en comprarlas, no se me ocurrió reutilizar alguna tela en desuso para hacerme las mías propias o incluso buscar opciones entre lo que ya tenía. Fue una de las novatadas: comprarlo todo nuevo y no aprovechar los recursos de los que ya disponía.

Pero si no tienes ninguna tela por casa para reutilizar o simplemente tienes claro que no quieres hacerlas, sino comprarlas ya hechas, sería buena decisión tener en cuenta el material de estas y su tiempo de degradación una vez que acabe su vida útil.

Hay todo tipo de tejidos naturales: algodón, lino, cáñamo, bambú, yute…, algunos de ellos son bastante ligeros y semitransparentes. Lo ideal sería que estos tejidos estuvieran certificados como orgánicos, libres de productos químicos y provenientes de comercio justo. Es importante, si es algo que hasta ahora no hemos tenido presente, comenzar a comprar productos más sostenibles a marcas que controlen todo el proceso de producción, que respeten el medioambiente y que tengan en cuenta a las personas que hay detrás.

Curiosamente, aunque disponemos de muchos tejidos naturales, las bolsas más aceptadas en los últimos tiempos son las de poliéster (plástico). Son resistentes, duraderas y prácticamente no pesan, ideales para aquellos lugares donde no te descuentan el peso de la bolsa. Además, al ser de malla, se puede ver el producto que lleva dentro y esto las hace perfectas para comprar en supermercados, donde quieren ver fácilmente lo que llevas. Aunque el poliéster sea plástico, siempre será mejor una bolsa reutilizable que cientos de desechables, independientemente del material. Al fin y al cabo, la sostenibilidad de un producto está determinada por el uso que le damos y no por el material en sí y, aunque creo que deberíamos dar prioridad a productos naturales cuando se trata de comprarlos nuevos, debemos elegir aquello que nos haga sentir seguros, cómodos y tranquilos a la hora de evitar residuos según nuestras necesidades.

La organización es clave
Si algo he aprendido en estos años, es la importancia de organizarme bien para estar siempre preparada y, teniendo en cuenta lo desastre que soy, es un gran mérito que cualquiera puede alcanzar.

Olvidarnos de nuestra bolsa o recipiente, o incluso de nuestra botella de agua reutilizable, es muy común en los inicios, ya que no estamos habituados, por lo que lo mejor es poner en práctica algunos trucos hasta que cojamos el hábito de llevar siempre con nosotros nuestros reutilizables.

Podemos destinar un único lugar para almacenar todas las bolsas y recipientes que utilizaremos para comprar, de manera que siempre estén al alcance. Esto nos permitirá ahorrar mucho tiempo a la hora de organizarnos.

Personalmente, lo que mejor me ha funcionado es tener siempre todas mis bolsas reutilizables en el bolsillo delantero del carro de la compra, que es con lo que voy a comprar. Así nunca se me olvidan ni me veo en la situación de que no he llevado suficientes. Cuando llego a casa, dejo los alimentos que he comprado en su sitio y vuelvo a poner todas las bolsas en el carro. Si están sucias, las lavo y, una vez secas, las guardo en el mismo lugar.

Independientemente de si llevas bolsa, carro o cesto, puedes guardar todas las bolsas de compra a granel dentro de lo que suelas utilizar habitualmente y ponerlo todo en un lugar visible, como en la entrada de la casa.

En el caso de los tarros y las fiambreras, lo más común es que los utilicemos también para almacenar, conservar o congelar los alimentos, por lo que podemos destinar un espacio de la cocina donde guardarlos mientras estén vacíos, así, cada vez que vayamos a la compra, podemos cogerlos directamente. Incluso puedes dejar las bolsas en el mismo lugar en el que pones todos los recipientes si te resulta más cómodo.

Una vez que te acostumbres, todo lo harás de manera natural sin la necesidad de organizarte de manera tan minuciosa.

Ya sabemos dónde comprar y qué llevar, pero aún nos falta una última cosa: perder la vergüenza y el miedo al no, si los tienes. Son sentimientos muy comunes cuando comenzamos a comprar sin residuos. El miedo a que nos digan que no cuando les pedimos que nos pongan los alimentos en nuestros propios envases, la vergüenza de pedir que nos descuenten el peso de nuestro recipiente, a rechazar las bolsas cuando insisten demasiado..., son sentimientos totalmente normales que seguramente sentiremos la primera vez que lo hagamos, pero en realidad no tienen ningún fundamento. Cuando vayamos a comprar al mercado y a las tiendas locales con nuestras propias bolsas y recipientes, veremos que, al revés de lo que imaginábamos, todos están encantados de aceptar nuestros propios envases, más allá de que les sorprenda o les parezca extraño, pero muy difícilmente recibirás un no como respuesta.

Yo también sentí mucha vergüenza al principio, y me costó dar el primer paso, aún recuerdo lo rápido que latía mi corazón en las primeras compras cuando le pedía al tendero tímidamente que me pusiera el queso en mi fiambrera; incluso a día de hoy, cuando voy a comprar a un lugar donde nunca antes he estado, vuelve a mí esa timidez, pero siempre intento tener presente que, si algo tiene que darme vergüenza, es continuar generando basura innecesaria simplemente por no preguntar. Al fin y al cabo, lo peor que me puede pasar es que me digan que no. Curiosamente, nunca me han dicho, en ningún lugar de a los que he ido, que no aceptan mis recipientes, sino todo lo contrario, me han halagado y me han dado las gracias incluso por hacerlo. Por eso, al igual que no debemos olvidarnos nunca de llevar nuestros propios envases, tampoco debemos olvidarnos de dejar la vergüenza en casa, pues lo único que hace es crearnos miedos innecesarios, distorsiona la realidad y no nos dejan, cumplir con nuestros objetivos.

Si para ti ir a comprar directamente con tus envases, con la duda de si te los aceptarán o no, te resulta incómodo o violento, siempre puedes darte un paseo por el mercado y las tiendas de barrio a las que tengas pensado ir a comprar, armarte con tu mejor sonrisa y preguntarles si puedes ir a comprar con tus propios recipientes. Verás que no te pondrán ninguna pega.

Hay muchas personas que piensan que lo mejor es pedirlo directamente en el momento en que vas a comprar, con seguridad y sin dudar, pero no todos nos sentimos cómodos haciéndolo. Yo misma, antes de mis primeras compras, preguntaba siempre antes en las tiendas si podía llevar mis propios recipientes y, con el tiempo, una vez que me acostumbré a comprar así y se convirtió en algo natural de mi día a día, comencé a ir directamente a comprar con mi envase ya en la mano a sitios nuevos y sin la necesidad de preguntar antes.

¿TODO PREPARADO? PUES ¡VÁMONOS DE COMPRAS!

Lo importante es sentirnos cómodos y seguros en cada paso que demos.

Fruta y verdura

Uno de los momentos más fáciles de evitar las bolsas de plástico es al comprar fruta y verdura. Nosotros, para ahorrar tiempo y dinero, nos organizamos para comprar la fruta y la verdura una o dos veces por semana y solo necesitamos llevar nuestras propias bolsas, una bonita sonrisa y una frase: «No me ponga bolsa, traigo la mía». Y es que, sobre todo al principio, hasta que te conocen por llevar tus propias bolsas y no querer las desechables, es muy común que «te cuelen» alguna en el momento en que te despistas.

De hecho, si algo he desarrollado de manera inimaginable, en estos últimos años, es el reflejo que me permite estar siempre alerta para anticiparme al plástico que muchas veces quieren colarme. No lo hacen por molestar, evidentemente, sino porque para quien nos atiende es un gesto tan automatizado que ni siquiera se da cuenta, aunque le acabes de decir que no quieres plástico ni ningún otro desechable. Por eso siempre es buena idea estar bien atentos y no despistarnos.

Tampoco es un tema que deba preocuparnos (demasiado), porque son cosas que pasan solo al principio, cuando no nos conocen, y tampoco le pasa a todo el mundo, pero, si por lo que sea te preocupa, en la página siguiente tienes una miniguía de frases útiles para rechazar bolsas de plástico y que no te pillen sin saber qué contestar.

También pasa muchas veces todo lo contrario: que les hace tanta ilusión que alguien vaya con sus propias bolsas que hasta te construyen un pódium. Cualquier cosa puede pasar, pero siempre se queda en anécdotas divertidas para el recuerdo.

Para la compra de fruta y verdura existen muchas opciones. Las mejores, desde mi punto de vista, son los mercados de agricultores y los grupos de consumo.

Si no tienes la posibilidad de ir a un mercado de agricultores, existen los grupos de consumo, donde el productor, vende, directamente a un grupo de personas de la zona, alimentos ecológicos de cosecha propia. Es una muy buena opción para aquellas personas que no tienen mucho tiempo

para ir de compras o para quien no tiene mercados cerca, ya que, en la mayoría de los casos, te los llevan a casa. Solo hay que especificar que te los entreguen en cajas reutilizables que puedas devolverles o, en su defecto, en cajas de cartón y que no te pongan bolsas ni envolturas de plástico. Al tratar directamente con ellos, no suele haber ningún problema y la cantidad de residuos que se ahorra es más que considerable, ya que no hay intermediarios, transportes kilométricos ni necesidad de embalajes superfluos.

≷IDEAS≶

DE CÓMO COMPRAR FRUTAS Y VERDURAS

FIAMBRERAS, CESTILLOS, HUEVERAS DE CARTÓN O BOLSAS DE MALLA PARA ALIMENTOS FRÁGILES O QUE MANCHAN: FRESAS, FRAMBUESAS, CHAMPIÑONES...

BOLSAS DE TELA O DE MALLA PARA MAYORES CANTIDADES

BOLSAS DE RED O MALLA PARA LECHUGAS, ESPINACAS, ACELGAS Y OTRAS HOJAS

PARA MITADES DE FRUTA Y VERDURA, TELA ENCERADA, FIAMBRERA GRANDE O NEVERA PLEGABLE E IMPERMEABLE

EVITA LAS PEGATINAS SIEMPRE QUE PUEDAS. NO SON RECICLABLES

UNA MISMA BOLSA PARA TODO E IR PESANDO LOS ALIMENTOS SUELTOS SIN BOLSAS

Y NO TE OLVIDES DE TU GUANTE DE TELA SI VAS A UNA FRUTERÍA DE AUTOSERVICIO

Tanto en los mercados de agricultores como en los mercados locales, las fruterías o las tiendas de barrio puedes comprar con tus propias bolsas sin problemas.

Si vas a una frutería donde no te hacen la tara (descuento del peso) de tu bolsa o recipiente, las bolsas de malla o de gasa de algodón van muy bien porque prácticamente no pesan nada. Incluso puedes utilizar una simple malla de antiguas patatas o naranjas, si tienes.

Si vas a una frutería donde ya tienen la fruta y la verdura cortada y envuelta en plástico, siempre puedes pedir que te corten una para ti para así evitar ese residuo o comprarla entera.

Por otro lado, comprar la fruta y la verdura en supermercados o hipermercados, con tus propias bolsas, puede ser igual de fácil que comprar en un mercado o convertirse en una misión imposible.

Lo ideal es comprar local y evitar los supermercados, pero, si la única opción que tenemos es esta última, intentemos ir a los que nos lo pongan más fácil.

Para los supermercados, las bolsas mejor aceptadas son las de malla, ya que pueden ver los alimentos que hay en el interior.

Lo mejor que funciona en estos casos es no preguntar si podemos usar nuestras propias bolsas, sino hacerlo directamente. Cuando preguntamos en este tipo de establecimientos, tenemos más probabilidades de que nos digan que no, por lo que mejor evitemos darles esta opción y actuemos con naturalidad.

Hay supermercados donde puedes llevarlo todo suelto hasta la caja sin necesidad de usar bolsa desechable. Te pesan las piezas allí mismo y, además, evitas las etiquetas. Pero también hay otras maneras.

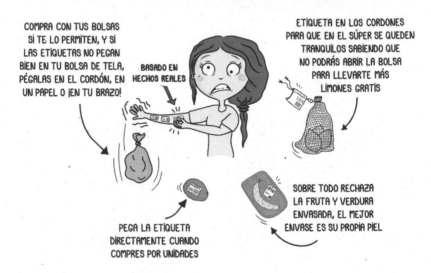

COMPRAS EN EL SUPERMERCADO

COMPRA CON TUS BOLSAS SI TE LO PERMITEN, Y SI LAS ETIQUETAS NO PEGAN BIEN EN TU BOLSA DE TELA, PÉGALAS EN EL CORDÓN, EN UN PAPEL O ¡EN TU BRAZO!

BASADO EN HECHOS REALES

ETIQUETA EN LOS CORDONES PARA QUE EN EL SÚPER SE QUEDEN TRANQUILOS SABIENDO QUE NO PODRÁS ABRIR LA BOLSA PARA LLEVARTE MÁS LIMONES GRATIS

PEGA LA ETIQUETA DIRECTAMENTE CUANDO COMPRES POR UNIDADES

SOBRE TODO RECHAZA LA FRUTA Y VERDURA ENVASADA, EL MEJOR ENVASE ES SU PROPIA PIEL

También hay algunos supermercados y la mayoría de los hipermercados que, debido a su política interna de empresa, no te permiten de ninguna manera usar tus propias bolsas o pegar la etiqueta directamente en la fruta o verdura, aunque solo quieras llevarte un aguacate o un plátano. Únicamente permiten que utilices sus bolsas de plástico desechable. Lo mejor es evitar este tipo de establecimientos que nunca dan facilidades al consumidor ni se preocupan por el medioambiente.

Además, el uso excesivo e innecesario de plástico que existe en grandes cadenas de supermercados para empacar frutas y verduras es extremadamente ridícula. En muchos casos ponen la fruta envasada a un precio muy inferior de la que puedes comprar a granel o manipulan al consumidor, aprovechando que siempre compra con prisas, para que piense que lo que está envasado es más barato que lo que está sin envasar.

Lo ideal es no apoyar a estas empresas con nuestras compras, dentro de nuestras posibilidades, y evitar por todos los medios comprar fruta cortada y envasada lista para consumir, ensaladas preparadas, frutas y verduras en bandejas de poliespán envueltas en film, etcétera. No es sano, no es económico, no es más higiénico, los alimentos no se conservan mejor ni nos aportan comodidad, tiempo ni calidad de vida. Y, además, fomentan el desperdicio alimentario,[20] ya que comprar fruta y verdura envasada nos obliga a llevarnos más de lo que consumimos.

Arroces, pastas, legumbres y otros productos a granel
Una de las maneras más efectivas de evitar la mayor parte de los envases desechables que generamos en el día a día es comprar a granel. Y, para mí, junto con la compra en mercados, es una

COSAS BONITAS DE LA COMPRA A GRANEL:

SOBRE TODO SI LLEVAS TUS PROPIAS BOLSAS Y RECIPIENTES

REDUCES ENVASES Y EMPAQUES INNECESARIOS

CON TUS COMPRAS APOYAS AL PEQUEÑO COMERCIO Y CONTRIBUYES A LA ECONOMÍA LOCAL

MENOS TRANSPORTE — MENOS CONTAMINACIÓN

LAS TIENDAS A GRANEL COMPRAN EN GRANDES CANTIDADES Y ELLO DISMINUYE LA HUELLA DE CARBONO

PUEDES COMPRAR SOLO LO QUE NECESITAS, Y EVITAS ASÍ EL DESPERDICIO ALIMENTARIO

ECO — KM 0
ALMENDRAS PAÍS

GANARÁS EN SALUD AL COMPRAR ALIMENTOS DE CALIDAD, ECOLÓGICOS, DE KM 0 Y DE PEQUEÑOS AGRICULTORES

AL PODER COMPRAR LA CANTIDAD QUE QUIERAS, TIENES LA POSIBILIDAD DE LLEVAR UNA DIETA MÁS VARIADA Y PROBAR COSAS NUEVAS

Y UN IMPORTANTE AHORRO DE RECURSOS

SE AHORRAN LOS COSTES DE DISEÑO, FABRICACIÓN DE EMPAQUES Y ENVASADO

PUEDES VER LO QUE COMPRAS, SIN EMPAQUES QUE TE IMPIDAN VER EL ESTADO DE LOS ALIMENTOS

Y A VECES INCLUSO ¡HASTA TE DEJAN PROBAR!

SEÑORA, ¿SE ESTÁ COMIENDO EL CUSCÚS CRUDO?

¿ME HA LLAMADO SEÑORA?

ESTO NO SE HACE

Y, ADEMÁS, TU COCINA SE VERÁ MÁS BONITA

de las partes más bonitas por todos los beneficios que aporta, tanto a nivel medioambiental como social y económico.

Cuando cambiamos nuestra manera de consumir y comenzamos a comprar en aquellos lugares que representan los valores que nos mueven, nuestro consumo se convierte en un acto altruista que tiene en cuenta el bienestar y beneficio de todas las partes implicadas, incluida la Tierra. Y eso es una maravilla.

Lo primero es buscar las tiendas a granel que más cerca tengamos y comparar variedad, calidad y precio según nuestras necesidades y posibilidades.

Las tiendas especializadas en productos a granel se suelen encontrar fácilmente por internet. Incluso existen mapas en línea específicos para encontrar este tipo de tiendas cerca de nuestra casa.

En ellas podemos encontrar todo tipo de alimentos: arroces, legumbres, harinas, granos, semillas, pastas, cafés, tés, especias, azúcar, sal, frutos secos y un sinfín de productos más.

Sin embargo, aunque cada vez existen más tiendas de este tipo, y están en auge, todavía no las hay en todos los lugares. Pero no nos preocupemos, seguimos teniendo otras opciones para comprar sin residuos y, aunque no podamos evitar todos los envases, veremos cómo evitar el máximo posible según nuestras circunstancias.

A nosotros las tiendas a granel no nos quedan muy cerca. La única manera de ir es en coche o en tren. Por ello nos organizamos para ir solo una vez al mes y comprar todo lo necesario para los siguientes treinta días.

Hacer la compra mensual nos permite ahorrar muchísimo tiempo y muchos viajes, ya que no tenemos que preocuparnos más en todo el mes de hacer compras, aparte de la semanal de fruta y verdura que hacemos al lado de casa. Esto es una buena opción para quien no tenga mucho tiempo o para a quien le dé pereza ir a comprar varias veces al mes.

La pregunta del millón: ¿es más caro comprar a granel?
Una de las preguntas más frecuentes es si comprar a granel es más caro.

Poniendo como ejemplo nuestra propia familia de cuatro miembros, y comparándolo con el antes y el después, no solo no gastamos más dinero que antes, sino que, además, comemos muchísimo mejor.

Los productos que encontramos a granel son por lo general de una calidad muy superior, en su mayoría ecológicos, provenientes de pequeños productores y muchos de ellos de kilómetro cero. Podemos comprar exactamente lo que necesitamos, sin empaques que nos obliguen a llevarnos una cantidad determinada que quizás sea mayor de la que queremos. Aunque los precios de una tienda a granel suelen ser algo superiores a los del supermercado, nosotros no gastamos más que antes, porque, cuando comprábamos en supermercados, solíamos llevarnos mucho más de lo que necesitábamos. Aprovechábamos siempre las ofertas pensando que así ahorraríamos, como la típica oferta de llévate tres y paga dos, pero, al final, esto hacía que muchas veces esos alimentos acabaran en la basura porque no nos daba tiempo a consumirlos o hacía que comiéramos mucho más de lo que necesitábamos. Al final, gastábamos y desperdiciábamos más. También estábamos obligados siempre a comprar alimentos envasados con cantidades determinadas que no siempre se correspondían con nuestras necesidades. O salíamos del supermercado con muchísimas más cosas de las que íbamos a comprar. Todos esos pasillos llenos de cosas apetitosas con empaques llamativos que te incitan a consumir más siempre han sido muy difíciles de ignorar.

Y DALE CON LAS PATATAS...

Lo que está claro es que cuanto más frecuentamos un supermercado, más difícil se hace evitar los envases y también los alimentos procesados, en los que se va prácticamente la mayor parte del dinero de las compras que se hacen. Así que mejor evitar la tentación e intentar llevar a cabo diferentes maneras de ahorrar dinero en las compras, tal como te conté en el capítulo de «Tiempo, dinero y calidad de vida».

¿CÓMO COMPRAR A GRANEL?

1° HAZ UNA LISTA DE LO QUE QUIERES COMPRAR, ASÍ SABRÁS TAMBIÉN CUÁNTAS BOLSAS Y RECIPIENTES NECESITAS

LISTA DE LA COMPRA
150 gr FIDEOS
2 kg GARBANZOS
1 kg JUDÍAS
300 gr MACARRONES
500 gr ARROZ INT.
800 gr AVENA
...

2° SI QUIERES, PUEDES ESCRIBIR EL PESO DE TUS BOLSAS Y RECIPIENTES EN ELLOS PARA AHORRAR TIEMPO EN LA TIENDA

FIAMBRERAS Y TARROS PARA...

TAHINI
CHOCOLATE
MIEL
SIROPES

HARINAS
AZÚCAR
SAL
CAFÉ

INFUSIONES
GALLETAS
PAN RALLADO

ESPECIAS
SEMILLAS
ALGAS
LEVADURAS

FRUTOS SECOS SALADOS
FRUTA DESHIDRATADA
CHOCOLATES

BOLSAS PARA...

GRANOS
PASTAS
LEGUMBRES
CEREALES
FRUTOS SECOS

PIDE QUE **NO** TE PONGAN ETIQUETAS
(NO SE RECICLAN)

BOTELLAS PARA ACEITES, VINOS Y CERVEZAS A GRANEL

PARA OTRAS COMPRAS

WRAPS PARA TABLETAS DE CHOCOLATE

En las tiendas a granel nos descuentan el peso de nuestras bolsas y recipientes sin problema y, según lo que compremos y las cantidades, nos irá mejor un recipiente u otro.

Al principio te puede resultar complicado calcular las cantidades que necesitas y comprarás de más o de menos, algo normal al estar acostumbrados a comprar los alimentos envasados, pero, según vaya pasando el tiempo, irás viendo cuánto consumes aproximadamente de cada alimento y cada vez te resultará más fácil hacer la lista.

Igualmente, si las tiendas te quedan cerca, esto no es un inconveniente.

Nosotros lo llevamos todo en un carro, ya que el peso es considerable cuando compramos para todo el mes. Además, también solemos llevar muchos tarros de vidrio porque nos resulta muy cómodo llegar a casa y ponerlo en la despensa directamente sin tener que cambiarlo de recipiente.

En muchos países, la pasta es de las cosas más difíciles de encontrar a granel. Una de las opciones que tenemos es comprar en tiendas especializadas en pasta fresca artesanal. Suelen hacer también pasta deshidratada y, cuando les haces un pedido relativamente grande, de varios kilos, no les importa vendértelo a granel. Incluso la pasta fresca se puede comprar en cantidad y congelarla sin problema, aunque los precios no siempre son accesibles para todos.

Y si te gusta la cocina y tienes tiempo, también puedes animarte a hacer tu propia pasta casera, ¡la diferencia no tiene precio!

Otras opciones

Si en tu ciudad no hay tiendas a granel, en los mercados, fruterías, herbolarios y tiendas de barrio tienes muchas opciones: legumbres, arroces, frutos secos, especias, fruta deshidratada...

En los grupos o cooperativas de consumo, además de fruta y verdura, también se pueden adquirir otro tipo de alimentos, como cereales o granos, si los productores los cultivan o distribuyen. En este caso, puedes consensuar con el productor el uso de bolsas de tela retornables para evitar bolsas de papel o plástico.

Por otro lado, hay personas que crean su propio grupo de consumo junto con sus familiares, amigos o vecinos y realizan pedidos, relativamente grandes, directamente a productores que por lo general solo venden al por mayor, o a tiendas *online* que venden en sacos tanto a mayoristas como a minoristas. Se pueden buscar productores de pastas, arroces, cereales, harinas, etcétera, y comprar sacos para repartir entre todas las personas que participen.

Es una iniciativa que funciona muy bien y que no solo nos ayuda a nosotros mismos a reducir residuos, sino también a nuestro entorno. Además, el ahorro económico suele ser más que notable para todos al no haber intermediarios ni costes de *packaging*. Es como crear una tienda a granel, pero con clientela fija.

También hay supermercados e hipermercados que tienen opciones a granel, aunque, como siempre, dependerá mucho del país en que residas o del supermercado en sí, que te permitan comprar con tus propias bolsas de tela.

La última opción que tenemos es buscar los alimentos que consumimos en envases de vidrio reutilizables, papel, cartón incluso en bolsas de tela en el caso de legumbres y arroces, y en cantidades lo más grandes posible. Esta última opción solo es buena si vamos a reutilizar las bolsas de tela después; en el caso de que vayamos a desecharla, mejor optar por vidrio, papel o cartón, que se pueden reciclar más fácilmente.

Si nuestras alternativas son escasas, no debemos frustrarnos ni desmotivarnos. Hacer las compras a granel es solo una de las muchísimas maneras de evitar residuos en nuestro día a día e iremos viendo qué otras cosas podemos hacer para reducir nuestra huella.

Lo importante es encontrar un buen equilibrio entre nuestras posibilidades, nuestra economía, nuestra comodidad y el respeto hacia la Tierra y su conservación. Teniendo presente esto, el hecho de que no siempre podamos comprar todos los alimentos a granel no debería impedirnos comprar hasta donde podamos permitírnoslo.

Carnes y pescados
En los mercados, carnicerías y pescaderías locales, podemos ir de compras con nuestras fiambreras sin problemas. Es una idea que suele encantarles.

Muchas personas prefieren comprar con el papel encerado o parafinado que te dan en las carnicerías, pescaderías y charcuterías, a veces por vergüenza de preguntar si pueden servirle en sus propios recipientes, pero este tipo de papel lleva parafina, un derivado del petróleo, y no se puede reciclar, es directamente basura. Por eso, lo mejor para la compra de carne o pescado es utilizar fiambreras de vidrio, plástico o acero y aparcar la vergüenza.

En los comienzos, siempre llevaba fiambreras de plástico reutilizables que ya tenía, por el peso, principalmente, pero, con el tiempo, comencé a utilizar fiambreras de vidrio herméticas, que siempre han tenido muchísima mejor aceptación. El plástico, con el uso, se raya y se va poniendo opaco, y a veces esto da sensación de suciedad. Todo lo contrario que el vidrio, que se mantiene siempre pulcro y brillante. Eso sí, para una compra medianamente grande, lo óptimo es llevar un carro para poder soportar el peso.

Igualmente, lo mejor es reutilizar aquello que ya tenemos y que nos resulte más cómodo.

Solo hay un problema con el que yo me he encontrado muchas veces y con el que quizás tú también te encuentres, y es cuando pides que te hagan la tara de tu recipiente.

De repente parece que les estés pidiendo que resuelvan el teorema de Pitágoras.

Curiosamente, no son pocas las personas que no entienden cómo funciona la pesa con la que trabajan ocho horas al día, seis días a la semana.

Aunque digan que en esa pesa no se puede hacer la tara, el motivo suele ser más bien que no saben cómo hacerla y, al no estar acostumbrados a servir al cliente en su propio recipiente, a veces se bloquean y no saben qué hacer. Así que cada tendero busca su propio método. Algunos encuentran la famosa «T» para hacer la tara, otros pesan el recipiente y después descuentan el peso del precio final y otros optan por pesarlo directamente en la pesa o en un papel. Si no saben cómo actuar, siempre puedes darles estas opciones. Todas excepto que te lo pesen en plástico, porque, aunque te digan que lo reutilizarán, es muy probable que no lo hagan.

Por otro lado, están los grupos de consumo, donde se puede comprar todo tipo de carnes ecológicas y de pasto directamente a los ganaderos, que crían a sus animales en libertad.

Excepto si el lugar te queda cerca y puedes ir a buscarla directamente con tus fiambreras, lo normal es que te lo sirvan en bandejas de plástico desechable o envasado al vacío cuando te lo envían a casa o vas a buscarlo al punto de encuentro. La clave siempre está en preguntar si es posible hacer el envío de otra manera y explicarles por qué queremos evitar el plástico desechable y los envoltorios de un solo uso en general.

He conocido empresas a las que, tras proponerles la opción de hacer uso del sistema de retorno de envases, les ha parecido muy buena idea para los clientes que lo soliciten. Lo envían en fiambreras reutilizables de vidrio o plástico y al siguiente pedido recogen las antiguas fiambreras y te lo sirven en otras fiambreras reutilizables, y así continuamente. La clave, como siempre, es preguntar y proponerles esta opción si no la conocen. Es una manera también de dar a conocer a los comercios otra manera de hacer las cosas.

Por último, en muchos países y ciudades del mundo comprar la carne y el pescado con nuestros propios recipientes es muy difícil de conseguir en supermercados e hipermercados debido principalmente a políticas internas de la propia empresa, pero también es importante tener en cuenta el origen de la carne que se vende en grandes superficies, generalmente de ganadería industrial para satisfacer la gran demanda, por lo que te animo, una vez más, a olvidarte de los supermercados para este tipo de compras.

Una de las alternativas futuras es el sistema de retorno de envases para la compra de carnes, pescados, quesos y embutidos.[21] Fue lo que hizo una cadena de supermercados alemana en un proyecto piloto apoyado por la organización ecologista WWF. El sistema es sencillo: te sirven en un envase reutilizable (una fiambrera) del propio supermercado por el que dejas un depósito, una pequeña cantidad de dinero, y, cada vez que vuelves a la compra, lo devuelves y te sirven en otro envase reutilizable sin coste adicional. Una vez que los devolvemos, la misma empresa se encarga de limpiarlos y de esterilizarlos de manera efectiva para que vuelvan a ser reutilizados. De esta manera, deja de existir el problema por el cual muchos supermercados no quieren servir a los clientes en sus propios recipientes, que suele ser por seguridad e higiene, al no poder garantizar que no haya riesgo de contaminación de los alimentos cuando entran en contacto con un envase de casa.

Personalmente, este sistema me parece una gran idea, porque si dentro de una ciudad todos los supermercados y mercados adoptaran el mismo sistema de retorno, podríamos usar los mismos envases en cualquiera de las tiendas. Además, olvidarnos de la fiambrera o llevar menos de las que necesitamos ya no sería un problema.

Creo que sería importante dar a conocer este tipo de alternativas a los mercados y supermercados, escribiéndoles no solo para pedirles que dejen de usar tanto plástico en sus productos, sino también para darles ideas y alternativas más sostenibles a los desechables.

Quesos y embutidos
Como siempre, los mercados y tiendas de barrio son la mejor opción. Al igual que la carne y el pescado, podemos pedir que nos sirvan el queso y los embutidos en fiambreras. Si compras queso en lonchas, recuerda especificar que no te separen las lonchas con plástico ¡Ánimo para convencer al tendero de que no, que no se pega!

Para quesos enteros o en cuñas, si no tenemos fiambrera suficientemente grande, los *wraps* son perfectos para ello. Nosotros incluso hemos usado en muchas ocasiones una simple servilleta de algodón reutilizable para envolverlo o una bolsa de tela bien limpia.

Los *wraps* también se pueden utilizar para la compra de todo tipo de embutidos.

Panadería y bollería

En las panaderías podemos encontrar a granel muchos de los productos que en los supermercados siempre vienen envueltas en plástico: pan de molde, pan de Viena (para perritos y hamburguesas), tostadas…, incluso polvorones en Navidad o rosquillas en Semana Santa. También podemos encontrar harinas, levaduras frescas, pan rallado y azúcares.

Aunque en la panadería solamos ver algunos tipos de panes envasados, como las tostadas, el pan de Viena, el azúcar o las harinas, si la panadería es artesanal, son ellos mismos los que lo envasan, por lo que suelen tener los sacos en el almacén y solo hay que preguntar si nos dan la opción de comprarlo a granel.

Igualmente, en el caso de las harinas, hay algunas que podemos hacer nosotros mismos. Por ejemplo, si tienes posibilidad de encontrar avena a granel, puedes molerla para obtener harina. Con la almendra y otros cereales o legumbres se puede hacer igual y, además, es más económico.

Con el pan rallado pasa algo similar, es algo que solemos comprar siempre en plástico, sin embargo, hacerlo uno mismo no tiene ningún misterio: solo hay que triturar el pan que nos ha quedado de varios días y se ha puesto duro. Es una manera de evitar desperdiciar pan.

En general, también tienen todo tipo de bollerías, galletas y dulces, normalmente a un precio superior al del supermercado si es artesanal. Un punto a nuestro favor para motivarnos a consumir menos.

COMPRAS EN LA PANADERÍA

BOLSAS DE TELA PARA TODO TIPO DE PAN: EN BARRA, DE MOLDE, DE VIENA, TOSTADAS, PALITOS DE PAN...

FIAMBRERAS O LATAS PARA DULCES, HARINAS, PAN RALLADO...

WRAPS PARA GALLETAS O BOLLERÍA

BOLSAS GRANDES O PAÑOS PARA PANES MUY GRANDES

En casa, no solíamos comprar mucha bollería industrial para los niños, pero de vez en cuando caía algo y las galletas jamás han faltado. Como teníamos claro que queríamos dejar de comprar bollería envasada, tanto por el envase como por la salud (por muy ecológico que fuera lo que compráramos), comenzamos a comprarla en la panadería con nuestras fiambreras y bolsas de tela, pero, con el tiempo, comencé a hacer yo misma muchas de las cosas que compraba: bizcochos, galletas, rosquillas, magdalenas…, no solo como una manera de controlar los ingredientes y que fueran lo más sanos posible, evitando los azúcares y los aceites refinados, sino también para ahorrar tiempo y dinero. Fue una de las cosas que descubrí: que tardaba mucho más tiempo en prepararme e ir a comprar al supermercado que en hacerlo yo misma en casa con los ingredientes que tengo habitualmente. Esa es una de las claves: encontrar recetas muy sencillas, rápidas, que no requieran mucho tiempo y con pocos ingredientes que puedas encontrar a granel y evitar leche, yogures y mantequillas para elaborarlos, pues vienen todos envasados y, además, son innecesarios para preparar buenos dulces. En mi blog puedes encontrar muchas recetas veganas rápidas y ricas.[22] Y, si tienes hijos, es una buena oportunidad para hacerlo juntos y pasarlo bien. Nosotros dedicamos tan solo unas dos horas a la semana a preparar galletas y otro tipo de dulces para los siguientes siete días, y a mis hijos les encanta, aunque a veces también termino comprando galletas envasadas, uno de nuestros pecados.

Productos de limpieza e higiene a granel

Así como existen tiendas a granel de alimentación, también existen de productos de limpieza e higiene, donde puedes ir con tus propias botellas y rellenarlas: detergentes para la ropa, para los platos, bicarbonato, jabón al corte, champú líquido, gel… Si tienes esta opción en tu zona, recuerda no tirar las botellas que ya tienes de tus antiguos productos cuando se acaben, así podrás reutilizarlas para la compra a granel.

Nosotros, como no nos quedan muy cerca estas tiendas, compramos solo tres veces al año. Simplemente nos organizamos para comprar suficientes cantidades para los siguientes cuatro meses. Esto nos permite ahorrar mucho tiempo.

Si no tienes cerca tiendas de este tipo, no te preocupes, hay muchas maneras de ahorrar envases en la limpieza y en la higiene, y las iremos conociendo más adelante.

Otros
Hay muchas otras cosas que podemos encontrar a granel en los mercados o tiendas especializadas:

- Olivas, pepinillos en vinagre, salmón ahumado, bonito en aceite, legumbres cocidas, congelados…, en mercados, fruterías, charcuterías y tiendas especializadas.
- Té a granel y café en tiendas dedicadas exclusivamente a estos productos.
- Todo tipo de chocolates y bombones en pastelerías, bombonerías, chocolaterías y algunas panaderías.
- Leche a granel, mantequillas y otros lácteos en lecherías.
- Vinos y cervezas a granel en tiendas especializadas.

Nosotros no hemos conseguido encontrarlo todo a granel. En esos casos, damos prioridad al envasado en vidrio o papel y a cantidades lo más grandes posible, pero, evidentemente, no siempre podemos evitar el plástico. A veces porque hay cosas que económicamente no nos es rentable comprar de otra manera o simplemente nos gusta algo que solo viene en plástico y no nos hemos planteado dejar de consumirlo. Al final, como siempre, hay que encontrar nuestro propio equilibrio, hacer esfuerzos hasta donde podamos llegar y, sobre todo, lo más importante, jamás dejar que nuestras madres hagan la compra por nosotros, a no ser que estén superimplicadas como la mía, claro.

MADRES, SUEGRAS Y OTROS SERES

Compras online

Las compras *online* se han extendido muchísimo en los últimos años y existe un gran debate sobre si este tipo de compras son sostenibles o no, tanto por la huella de carbono como por el embalaje.

Es verdad que no es lo mismo que se lleven grandes cantidades de un producto a un supermercado a que nosotros pidamos que nos traigan a casa uno, pero entendamos también que, justamente, el hecho de que hoy en día las compras *online* hayan crecido tanto hace que el medio de transporte que se utiliza para la distribución no vaya vacío debido a la cantidad de repartos que debe hacer, aunque seguramente siga teniendo una huella mayor.

Todavía, a día de hoy, la única manera que tiene un gran número de personas de acceder a muchas de las alternativas reutilizables que existen es a través de la compra *online*. Yo misma, si no fuera por ello, no habría podido sustituir muchos de los desechables que usaba antes y, desde mi punto de vista, creo que es mucho más sostenible comprar un producto *online* que me permitirá ahorrar cientos de desechables que comprar desechables en la tienda de la esquina. Siempre y cuando tengamos en cuenta factores importantes, como el lugar desde dónde se envía o el tipo de empresa a la que compramos.

¿Cómo hacer que sea más sostenible?
Hay muchas maneras para que nuestras compras tengan una huella menor:

- Elige la tienda *online* que esté más cerca de tu ciudad. Cuanto más cerca, menor será la huella y, si está en tu misma ciudad, será lo mismo que ir tú a comprarlo directamente. Sobre todo, evita en la medida de lo posible comprar en tiendas de otros países o continentes; la huella de carbono es muy grande.

- Elige una tienda que tenga la mayoría de los productos que necesitas.
- Elige y apoya tiendas de pequeños emprendedores que buscan a conciencia cada uno de sus productos para que sean lo más sostenibles posible y que ponen todo su amor y entrega para ayudarnos a reducir nuestra huella.
- Evita las multinacionales de venta *online* en la medida de tus posibilidades. Aunque sean más económicas, muchas veces existen costes medioambientales, económicos y sociales que no vemos.
- Si económicamente te lo puedes permitir, haz pedidos de mayores cantidades de las cosas que necesitarás reponer durante el año. Así no tendrás que hacer varios pedidos cada poco tiempo.
- Haz pedidos conjuntos con tus amistades o familiares, así también ahorrarás en gastos de envío.
- Elige tiendas residuo cero que tengan en cuenta el embalaje y que no utilicen plástico en este, solo papel o cartón.
- Cuando haces un pedido a una tienda y no sabes qué tipo de embalaje utilizará; envía un correo electrónico para pedir que no utilicen plástico en el embalaje de tu envío. Casi siempre funciona.

En mi blog hay un pequeño directorio de tiendas *online* de España[23] en las que se vende todo tipo de productos para llevar un estilo de vida residuo cero y en las que puedes encontrar muchas alternativas.

La cocina

La cocina es otro de los lugares donde también utilizamos bastantes desechables: botellas de agua, film plástico, aluminio, bolsas de congelación, servilletas..., estamos tan acostumbrados a utilizarlos que nos cuesta creer que podamos prescindir de ellos sin morir en el intento.

Es lo que me pasó a mí con el papel de cocina y el film, principalmente; jamás habría imaginado que podía vivir sin ellos y, después de haber pasado dos años sin usarlo, me doy cuenta de que no hay desechables imprescindibles para la mayoría de nosotros. Solo necesitamos buenas ideas y alternativas.

Alternativas al agua embotellada
El primer cambio que hicimos en casa fue despedirnos del agua embotellada.

A pesar de que muchos de nosotros tenemos acceso a agua potable, a través de campañas de publicidad sin escrúpulos nos han hecho creer que el agua embotellada es más sana que la del grifo.

En lo que al consumo se refiere, que la industria del agua embotellada haya conseguido hacerse multimillonaria a través de difundir la creencia de que el agua de botella es más saludable y pura es quizá uno de los engaños más tontos de la historia al que la humanidad ha sido sometida. Hacernos pagar hasta mil veces más por algo que sale casi gratis del grifo, que tiene muchísimos menos controles de calidad que el agua de red, cuya huella ecológica es insostenible en todo su ciclo de vida y su residuo plástico es de los más abundantes, sin ni siquiera cuestionarnos nada, es absolutamente asombroso.

¿Te imaginas que tuviéramos que pagar mil veces más por un pan o un tomate?

El agua es un bien común necesario para la vida, un bien que no puede ser sustituido absolutamente por nada, así como tampoco puede serlo el aire que necesitamos para respirar. Y pagar por ella de la manera en que lo hacemos es dar pasos agigantados hacia su privatización, además de tener que lidiar con los residuos descomunales que se generan a través de la industria de las botellas.

Lo que debemos exigir es un mejor tratamiento del agua de red para que sea segura y de calidad.

Sin duda, la alternativa más sostenible es beber agua del grifo directamente si tienes acceso a agua potable, pero, si te preocupa la calidad o no te gusta el sabor que tiene debido al cloro que se le añade para desinfectarla y garantizar que sea salubre y limpia, se puede solucionar de diferentes formas.

Si, a pesar de todo, sigues prefiriendo agua embotellada, existen muchísimas empresas que venden agua en garrafas de vidrio retornables y hay ciudades que disponen de camiones cisterna de agua potable donde puedes ir a rellenar tus propias garrafas. Incluso hay quien va a rellenar sus garrafas a la fuente, donde el agua tiene mejor sabor que en casa, en muchas ocasiones.

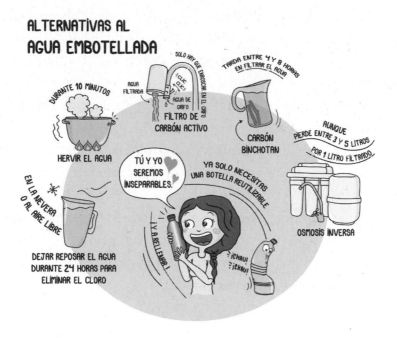

Para nosotros, la mejor opción ha sido el filtro de carbón activado por todas las ventajas que nos ofrece, aunque hervir el agua durante diez minutos es seguramente el método más rentable, además del más usado desde la antigüedad, y el sabor del agua que deja, que es lo que más nos preocupa, es espectacular, algo que no probamos hasta después de comprar el filtro, por desgracia, porque seguramente se habría convertido en nuestra mejor opción. Pero cada persona debe buscar lo que más se adecue a sus circunstancias. Sea cual sea la opción que elijas, sin duda es uno de los cambios más importantes que debes realizar. Y mientras decides qué solución es la mejor para ti, puedes ir comprando garrafas de agua lo más grandes posible, de cinco u ocho litros, e ir rellenando tus propias botellas. Será una manera de comenzar a generar menos residuos hasta encontrar la solución definitiva.

Respecto a la elección de una buena botella rellenable, las hay de vidrio con revestimiento de silicona, corcho o neopreno, para que no se rompa si se cae, o, si la quieres más ligera, están las de acero inoxidable de calidad 18/8, también etiquetada como acero 3o4, que es la mejor. Son las únicas que recomiendo, ya que te pueden durar toda la vida si las cuidas bien y, además, no son tóxicas, son inertes.

Sobre todo, evita las botellas de aluminio, ya que desprenden tóxicos al agua y, por supuesto, las de plástico, aunque digan libres de BPA contienen otro tipo de aditivos químicos y disruptores endocrinos peligrosos para la salud.

Conservar los alimentos comprados a granel
Mi consejo es que no compres más recipientes de los necesarios y que intentes apañarte con lo que tienes, porque seguramente habrá muchas cosas que no encontrarás a granel, como es el caso de algunas conservas, y que podrás encontrar en vidrio, botes perfectos para reutilizar después.

Tampoco recomiendo conservar los alimentos, tales como granos, cereales, frutos secos, harinas, etcétera, en bolsas de tela porque el aire pasa a través de ellas y nos arriesgamos a que los alimentos se estropeen. Además, las necesitaremos para las compras semanales de fruta y verdura.

PARA GUARDAR LAS COMPRAS A GRANEL

ESPAGUETIS

BOTELLA DE ZUMO O LECHE

COMPRA SOLO LO NECESARIO Y...

REUTILIZA

FIAMBRERAS

TARROS DE CONSERVAS

Congelar

Después de mi cubo de reciclaje, el que más plástico ha visto, sin duda, ha sido mi congelador. Cuando no tenía tiempo, compraba mucha comida, cosas rápidas de preparar, y las congelaba en porciones, es decir, usaba el film y las bolsas de plástico sin medida. Era un imprescindible en mi cocina que no podía faltar. Sin embargo, cuando terminé de usar los que tenía, decidí no comprar nunca más y, cuando sabes que esa opción no existe, después de pasar por momentos un tanto paranoicos del tipo «¡No sé qué hacer sin plástico!», comienzan a venir las ideas y vuelve la calma. Y, una vez más, te das cuenta de que nada es imprescindible.

En el caso de los *wraps*, recuerda que se pueden utilizar para cualquier cosa excepto para carne y pescado crudo.

Y para congelar en porciones sin ocupar mucho espacio podemos hacer tal como aparece en la infografía, si no tenemos bolsas de silicona.

Es un método muy efectivo y solo debemos estar al tanto de que, una vez que las porciones estén congeladas, las introduzcamos en un recipiente hermético. De esta manera evitamos que se peguen y ahorramos espacio al no tener que guardarlas en recipientes separados que tanto ocupan.

Conservar el resto de los alimentos
Hay muchísimas formas de conservar los alimentos bastante más eficaces que el plástico desechable.

IDEAS PARA CONSERVAR
SIN USAR FILM PLÁSTICO, ALUMINIO NI BOLSAS DESECHABLES

VERDE CON AGÜITA

PEREJIL, CILANTRO, BRÓCOLI...

WRAPS PARA TAPAR RECIPIENTES

BOLSAS DE ALGODÓN O MALLA DE ALGODÓN PARA CONSERVAR FRUTA Y VERDURA EN EL REFRIGERADOR

CONSERVAR QUESO, MITADES DE FRUTAS Y VERDURAS, FERMENTAR MASAS...

Y AGUANTAN ASÍ 2 SEMANAS

MITADES DE FRUTA Y VERDURA, BOCA ABAJO EN UN PLATO: MELÓN, SANDÍA, CALABAZA, MANZANA...

DURAN, DURAN Y DURAN...

TARROS DE VIDRIO ¡PARA TODO!: ZANAHORIAS, HOJAS DE PEREJIL, AGUACATES, ESPÁRRAGOS...

HOJAS VERDES LAVADAS Y CORTADAS, EN FIAMBRERAS DE VIDRIO HERMÉTICAS: LECHUGA, ESPINACAS, ACELGAS...

QUESERA O TARTERA PARA QUESOS, PASTELES, BIZCOCHOS...

TODO SUELTO EN EL CAJÓN DE LAS VERDURAS

ENVASADO AL VACÍO CON FIAMBRERA REUTILIZABLE

FIAMBRERAS PARA EMBUTIDOS, SETAS, COMIDA PREPARADA...

PLATO CON PLATO COMO TODA LA VIDA

Mi alternativa preferida para conservar es el vidrio. En casa tenemos una bandeja de vidrio honda y grande con tapa (como las que se usan para asar pollo en el horno), que cabe en el cajón de la nevera, y dentro ponemos las verduras. Ahí se conservan perfectas durante semanas.

Lo importante, como siempre, es reutilizar aquello que ya tenemos y utilizar métodos de conservación acordes a las opciones de que dispongamos. Por ejemplo, si donde vives no existen las bolsas de silicona o los *wraps*, no hay problema; nos dan muchas facilidades y son una alternativa maravillosa, personalmente me encantan, pero eso no los hace imprescindibles. Una simple fiambrera puede cumplir la misma función en la mayoría de los casos.

Para sustituir al papel
Seguramente el papel es otra de esas cosas que consideramos muy necesarias en la cocina y, al ser un material más natural, no le damos tanta importancia a la hora de reducirlo, pero su impacto no es menor que el del plástico, por lo que encontrar alternativas reutilizables más sostenibles nos ayudará a minimizar su huella.

PAÑO DE ALGODÓN O RETALES DE TOALLAS

LÁMINA DE SILICONA QUE SUSTITUYE AL PAPEL DE HORNO

¡AGITA!

CHAS ᵉ CHAS ᵉ

PUEDEN SER RECORTES DE ROPA VIEJA

¡DURA AÑOS!

COLADOR PARA ESCURRIR FRITOS

SERVILLETA DE TELA

CÓMO EVITAR EL PAPEL EN LA COCINA

En el caso de los paños, lo mejor es evitar los de microfibra, que están hechos a partir de derivados del petróleo y que, durante los lavados, desprenden microfibras, tal como ya hemos visto antes.

Por ello, lo mejor es hacernos paños con lo que ya tengamos por casa o comprar paños de algodón, algodón y celulosa o bambú.

Para las servilletas igual. Nosotros en casa usamos recortes de camisetas viejas de los niños que no están en condiciones ni para regalar y para cuando vienen visitas usamos unas servilletas decentes y presentables, dignidad ante todo. Tampoco hace falta comprarlas. Por ejemplo, las que tenemos nosotros nos las hizo la costurera de mi barrio a partir de un mantel que tenía yo en casa y que no usaba. Es una manera no solo de dar una segunda vida a las cosas que ya no usamos, sino también de dar trabajo al pequeño emprendedor si lo de coser no se nos da tan bien.

Utilizando paños y servilletas de tela, y un colador para eliminar el exceso de aceite en los fritos, el papel de cocina ya no es necesario.

Las láminas de silicona nos permiten ahorrar muchísimo papel de horno. La silicona, aunque muchas personas piensan que es plástico, en realidad se fabrica a partir de silicio (sílice = arena) y oxígeno, al igual que el vidrio, y es inerte. Tiene un inconveniente y es que, de momento, la silicona no se recicla en la mayoría de los países, pero, como ventaja, puede durar hasta diez años. Sería un residuo frente a cientos.

Para limpiar platos y la cocina

Al igual que los paños, los estropajos sintéticos desprenden también microfibras que acaban en el mar. Por suerte, tenemos varias alternativas de fibras naturales para prescindir de ellos.

ÚTILES DE LIMPIEZA PARA LA COCINA

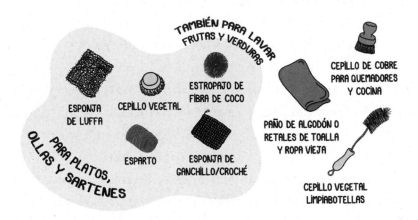

Otros

Hay otras alternativas para la cocina. Utilizar la cafetera italiana de toda la vida y olvidarnos de las cápsulas desechables que tanto contaminan u optar por cápsulas rellenables de acero inoxidable o cápsulas compostables. Usar el infusor de bolas de té de acero para servir el té a granel en lugar de las bolsitas desechables, usar papillote de silicona para evitar el aluminio, moldes de silicona o retales de tela de algodón e hilo para hacer salchichas caseras…

El baño

Los cambios más fáciles de hacer para mi familia y para mí fueron en el baño, seguramente porque siempre fuimos muy sencillos a la hora de cuidarnos, pero, aun así, teníamos siete cajones destinados a desechables «básicos» y botellas que íbamos acumulando.

Con los cambios, pasamos de siete cajones a solo dos y ha sido donde más dinero hemos ahorrado con diferencia, tras recuperar las inversiones iniciales en reutilizables.

Dependiendo de las costumbres y necesidades de cada uno, este puede ser uno de los cambios más fáciles o de los más difíciles; por eso, el baño es uno de esos lugares donde debemos cuestionarnos aún más qué es lo que verdaderamente necesitamos y minimizar para simplificar.

Como siempre, encontrar buenas alternativas es la clave para una transición perfecta (dentro de la imperfección).

¿Qué opciones tenemos?

Maquinillas de acero

Las maquinillas de acero de toda la vida, las que usaban nuestros abuelos, son la mejor alternativa a las desechables. El único residuo que generan son las hojitas de afeitado, que se biodegradan por oxidación, y son ridículamente baratas.

Muchas personas se resisten porque han escuchado que cortan demasiado y son peligrosas, pero, sinceramente, no sé por qué se ha extendido esa creencia.

En serio, una vez que aprendes a utilizarlas, cortan mucho menos que las desechables. Y, a no ser que tengas algún problema de piel concreto, no se necesita ningún tipo de espuma ni crema especial para el afeitado, con jabón sólido es suficiente y queda la piel perfecta.

También existen otros tipos de depilación para evitar los desechables: depilación con hilo, con muelle, con azúcar (que vendría a ser como la cera), con depiladora eléctrica, que pueden durar veinte años o más, e incluso el láser.

Jabones y champús sólidos

Por otro lado, los jabones y champús sólidos nos permiten no solo simplificar y ahorrar muchas botellas de plástico, sino también reducir la huella ambiental de todo su ciclo de vida: desde los recursos necesarios para fabricar las botellas y transportarlas al empleo de productos químicos agresivos, tanto para el medioambiente como para nosotros, además de las microesferas que se añaden en muchos de estos productos y de las grandes cantidades de agua que se emplean para fabricarlos, ya que el ochenta por ciento de los champús, geles, acondicionadores y demás está conformado por agua.

Las grandes ventajas de los sólidos es que son compactos, y eso permite que duren más. Evitas envases innecesarios, no ocupan espacio, llevan pocos ingredientes y, por lo general, aunque no siempre, suelen ser naturales y no tienen químicos nocivos añadidos.

Al principio, puede darte la sensación de que la pastilla de jabón te reseca la piel, pero es parte del proceso de adaptación, y también de encontrar un buen jabón. Pero no te recomiendo que uses los jabones sólidos del cuerpo para el pelo, porque se te puede hacer un nido en la cabeza, como me pasó a mí, que no sabía que había diferencias.

Existen champús sólidos específicos para el cabello y también se necesita un tiempo de adaptación al principio, hasta que los tóxicos de los champús comerciales desaparezcan, por lo que no desesperes si las primeras semanas los resultados no son los esperados.

En mi caso, encontrar un buen champú que le fuera bien a mi pelo no fue nada fácil, de hecho, fue el producto que más me costó sustituir, porque no encontraba ninguno que me sirviera y el proceso fue largo y frustrante.

Eso sí, una vez que lo encontré, tuve claro que estaría conmigo para siempre. Lo mejor es buscarlos artesanales, de pequeños emprendedores y con el menor número de ingre-

dientes posible. Y, sobre todo, no desanimarse, ¡encontrarás el tuyo seguro!

Solo necesitas una jabonera tipo rejilla para que los jabones queden bien escurridos y secos, porque, si se quedan con agua, se gastan más rápido. También puedes meterlos en una bolsita de malla y colgarla en la ducha.

Igualmente, si los sólidos no te convencen, siempre puedes comprarlos líquidos a granel si tienes tiendas de este tipo a tu alcance. Suelen comercializarlos en las mismas tiendas donde venden productos de limpieza a granel.

Otras personas se atreven con el método «no-poo» que es lavar el pelo con bicarbonato como champú y vinagre de manzana como acondicionador. No es una solución para todo el mundo, puesto que no a todos les va bien, pero siempre es una opción que podemos probar si tenemos curiosidad.

Y también hay muchas personas que se animan a hacerse su propio champú sólido. Más económico, más natural y una muy buena alternativa para aquellas personas que estén en un lugar donde no vendan champú o jabón en pastilla.

MENSTRUACIÓN

A pesar de que estamos en el siglo XXI, la menstruación sigue siendo un tabú. Sentimientos de rechazo, vergüenza y asco continúan siendo muy comunes y la necesidad de esconderla también.

Recuerdo mucho cuando en el colegio me venía la regla y le preguntaba a escondidas a mi amiga si tenía alguna compresa. Parecía un camello pasándome droga y el camino hasta el baño, escondiendo la compresa como si hubiera robado y alguien me persiguiera, era aterrador. Igual que en una peli de suspense.

Siempre viví la regla como algo sucio y de lo que me avergonzaba. Odiaba ese momento en que me bajaba la regla y dejaba de sentirme libre. Además, cuando era más joven, mis reglas eran extremadamente dolorosas y largas, y eran días en los que no podía hacer vida normal, ni siquiera trabajar.

Sin embargo, existen métodos y productos reutilizables que no solo son útiles para evitar una cantidad ingente de residuos y productos químicos que se emplean en los desechables; a mí me han servido para mucho más. Me han ayudado a «reconciliarme» con ella o, mejor dicho, conmigo misma. Estar en contacto con mi propia sangre y ser consciente de ella me ha permitido, por primera vez, sentirme inmensamente agradecida por el poder que nos ha dado la naturaleza como mujeres y conectar con mi propia esencia.

Además, desde que mis sentimientos de rechazo empezaron a disiparse, disminuyeron los días de regla y los dolores que aún tenía en ocasiones comenzaron a desaparecer.

Gracias a esto llegué a la conclusión de que los productos desechables que se usan durante la menstruación, de alguna manera, también acentúan el rechazo y la desconexión con nuestro propio cuerpo. Por lo menos, así lo sentí en mi caso.

¿Qué opciones existen?
La copa menstrual, sin duda, es la que más éxito ha tenido en los últimos años y seguramente es una de las opciones más sostenibles por todas las ventajas que tiene. Prácticamente todas las mujeres que conozco y que la han utilizado coinciden en lo mismo: ¡les ha cambiado la vida! Sin embargo, teniendo muy claro que es una opción maravillosa y muy cómoda, la copa no está hecha para mí. Creo que en mi vida solo he usado dos o tres veces tampones, y fue algo

que nunca soporté, y, de hecho, solo recordar la sensación ya me incomoda. Por eso, hoy por hoy, no me planteo el uso de la copa. Pero, a la vez, es tan sostenible que todas las mujeres deberían conocerla y probarla si no les pasa como a mí.

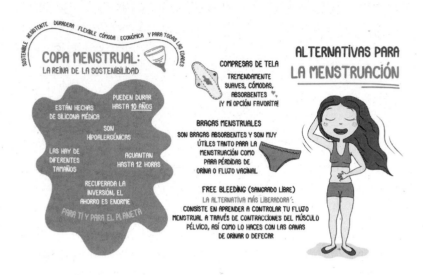

Lo sé, me estoy perdiendo mucho, pero es que mi amor por las compresas de tela, que es lo que uso, cada día crece más. Me declaro fiel usuaria de las compresas de tela, que nada tienen que ver con las toallas que se utilizaban antiguamente. Aparte de lo bonitas que son, su suavidad, absorbencia y comodidad al llevarlas puestas me enamoran y lavarlas forma parte de mi ritual de esos días. Además, también hay *salvaslip* de tela, tanto para braga como para tanga.

Para lavarlas, solo hay que tener en cuenta que sea con agua fría, ya que el agua caliente fija las manchas. Puedes lavarlas a mano o, como hago yo, enjuagarlas con agua fría en el momento o ponerlas en remojo un rato, escurrir y a la lavadora con el resto de la colada. Como desventaja frente a la copa es que requieren más agua para lavarlas, durante el día hay que cambiarlas con más frecuencia, la inversión es mayor y necesitas más cantidad. En mi caso, tengo doce compresas en total. Pero sigue representando muchísimas ventajas frente a las desechables, como cualquier método reutilizable.

Las bragas menstruales también tienen ventajas muy parecidas a las compresas de tela y se lavan igual.

Una de las cosas que más se cuestiona es el gasto de agua que supone lavar los reutilizables, sobre todo en el caso de pañales de tela, compresas, paños, servilletas, etcétera, pero, tal como hemos visto en capítulos anteriores, debemos tener una vista más amplia de las cosas y no quedarnos solo con lo que vemos, sino tener en cuenta todo el ciclo de vida de las cosas que consumimos.

Una compresa, un tampón o un pañal desechable se componen principalmente de celulosa y plástico. Para la fabricación de ambos componentes, se requiere una gran cantidad de agua y energía, así como para el *packaging* y la distribución. Y gestionar su desecho *a posteriori*, que ni siquiera se puede reciclar, también precisa de grandes cantidades de recursos. Solo la fabricación de una simple hoja de papel de tamaño A4, apenas unos pocos gramos, requiere diez litros de agua. Con este dato ya podemos hacernos una idea suficiente del consumo de recursos que pueden implicar los desechables de este tipo y que el gasto de agua que supone lavar la versión reutilizable de todos ellos está muy lejos de la huella ambiental de sus contrapartes de un solo uso, teniendo en cuenta, sobre todo, que los desechables se deben comprar una y otra vez. Por el contrario, los reutilizables solo deben lavarse junto con el resto de la colada y, para ahorrar aún más agua, podemos aprovechar el agua que recogemos de la ducha mientras se calienta para quitar manchas difíciles o poner en remojo.

Aunque los recursos necesarios para su producción sean mayores, tengamos en cuenta que tan solo se invierten una vez.

Pero si realmente queremos sentirnos liberadas, tendremos que probar el *free bleeding* (sangrado libre), donde no se utiliza ningún método.

Aunque el sangrado libre era algo que ya se practicaba antiguamente, y todavía se continúa haciendo en muchos países del mundo, no fue hasta los años setenta cuando resurgió como protesta por el síndrome del *shock* tóxico provocado por los tampones. Pero cuando realmente cogió fuerza fue cuando Kiran Gandhi corrió la maratón de Londres sin utilizar ningún producto que retuviera su sangre menstrual como protesta por la cantidad de mujeres y niñas que no tienen acceso a compresas o tampones, además del rechazo que sufren.

En realidad, en lo que consiste el sangrado libre es en aprender a «sentir» los avisos del útero cuando tiene ganas de expulsar la sangre y aprender a controlarla a través de la contracción de los músculos del suelo pélvico hasta que puedas ir al baño y expulsarla. Es lo mismo que cuando de pequeños aprendimos a controlar los esfínteres.

Personalmente, no lo he probado todavía, pero quizás es el método que más lógica tiene.

Alternativas al papel higiénico

Muchas personas buscan alternativas al papel higiénico no tanto por el gasto de papel, sino más bien porque en la mayoría de los países no hay marcas que lo vendan sin estar envuelto en plástico. Y, aunque para muchos de nosotros el papel higiénico es un producto de primera necesidad, gran parte de la población mundial no utiliza. Eso da que pensar: quizás no sea tan imprescindible como imaginamos.

En mi caso, después de mi segundo parto, tuve que dejar de usar papel higiénico por motivos de salud durante una larga temporada y entonces descubrí el método más higiénico que existe: el agua. A muchas personas les da mucho asco lavarse y piensan que el papel limpia mejor, pero todos sabemos que eso no es cierto, no nos engañemos. El papel no

SI NO TIENES BIDÉ...

CLIC

DUCHETA
SE ENROSCA FÁCILMENTE
EN LA LLAVE DEL WC
Y ES MUY CÓMODA

LO QUE YO USO

¡FIU!
¡FIU!

AGÜITA FRESCA EN ESPRAY
Y UNA TOALLITA
REUTILIZABLE
PARA SECAR

¡PI!
¡PI!
¡PI!

**SI PREFIERES SEGUIR
USANDO PAPEL:**
BÚSCALO A GRANEL
O ENVUELTO EN PAPEL.
COMPRA CANTIDADES MÁS GRANDES
Y DE PAPEL RECICLADO SI SOLO LO
ENCUENTRAS ENVUELTO EN PLÁSTICO

VÁTER JAPONÉS
AL QUE TODOS LOS
SERES HUMANOS
DEBERÍAMOS TENER
ACCESO POR LEY

ES COMO UNA
MÁQUINA DEL TIEMPO
LLENA DE BOTONES

CON MÚSICA ♫ ♪
Y UNOS CHORRITOS
DE AGUA CALENTITA

**ALTERNATIVAS
AL PAPEL HIGIÉNICO**

limpia bien ni es higiénico, pero, aun así, no es un cambio precisamente fácil para la mayoría de nosotros.

Yo, por ejemplo, en casa utilizo una ducheta y una toallita de algodón para secarme. Su instalación es muy sencilla y su utilización es bastante común en muchos países europeos. Pero el resto de mi familia usa papel, además de que me parece necesario para cuando vienen invitados a casa. Entiende que no me vea pidiéndoles a las visitas que se laven cuando usan mi baño.

Yo misma, muchas veces, también termino utilizando papel higiénico, sobre todo en invierno que el agua está tan fría. Y es que cuando la tentación está cerca, es difícil resistirse.

Cepillos de dientes de madera o bambú
Como alternativa a los cepillos de dientes de plástico, tenemos cepillos de diferentes tipos de madera, entre ellas, de bambú.

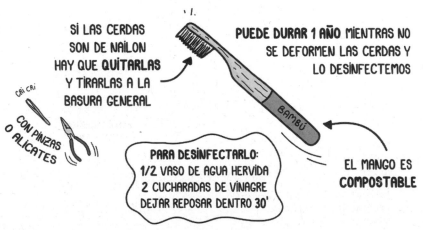

CEPILLO DE DIENTES DE BAMBÚ

SI LAS CERDAS SON DE NAILON HAY QUE **QUITARLAS** Y TIRARLAS A LA BASURA GENERAL

CRI CRI

CON PINZAS O ALICATES

PUEDE DURAR 1 AÑO MIENTRAS NO SE DEFORMEN LAS CERDAS Y LO DESINFECTEMOS

BAMBÚ

PARA DESINFECTARLO: 1/2 VASO DE AGUA HERVIDA 2 CUCHARADAS DE VINAGRE DEJAR REPOSAR DENTRO 30'

EL MANGO ES COMPOSTABLE

El bambú, además de ser una materia prima renovable, representa muchas otras ventajas. Es una planta de muy rápido crecimiento y, aunque lo cortes, continúa creciendo. Cada año brota de manera natural sin tener que plantarlo y absorbe más cantidad de CO_2 que los árboles. Además, el bambú que se utiliza para la fabricación de los cepillos no es el mismo del que se alimentan los osos panda, es otra variedad.

A nosotros nos encantan, limpian perfectamente y duran muchísimo, pero hay personas a las que no les gusta la sensación de la madera en la boca. Por suerte, cada vez hay más alternativas para todos los gustos. Por ejemplo, ya existen cepillos de plástico convencional, de bioplástico, y también madera en los que puedes reemplazar solo la base que sostiene las cerdas. Un desperdicio mucho menor en comparación con tener que desechar todo el cepillo.

Otros

Tenemos muchas otras alternativas a otros desechables que utilizamos a menudo en el baño, y también es importante que optemos por su versión reutilizable y de materiales que no dañen el medioambiente a medida que vayamos terminando los de un solo uso.

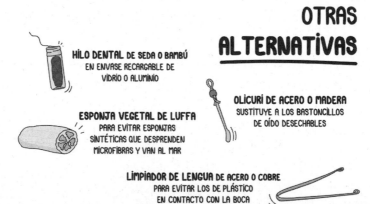

OTRAS ALTERNATIVAS

HILO DENTAL DE SEDA O BAMBÚ EN ENVASE RECARGABLE DE VIDRIO O ALUMINIO

ESPONJA VEGETAL DE LUFFA PARA EVITAR ESPONJAS SINTÉTICAS QUE DESPRENDEN MICROFIBRAS Y VAN AL MAR

OLICURI DE ACERO O MADERA SUSTITUYE A LOS BASTONCILLOS DE OÍDO DESECHABLES

LIMPIADOR DE LENGUA DE ACERO O COBRE PARA EVITAR LOS DE PLÁSTICO EN CONTACTO CON LA BOCA

Hay otras cosas que podemos hacernos nosotros mismos. Son muy fáciles y rápidas de hacer y nos permiten ahorrar muchos residuos y mucho dinero.

EXFOLIANTE:
1 CUCHARADITA DE AZÚCAR
1 CUCHARADA DE ACEITE
DE OLIVA (U OTRO)
¡Y MEZCLA!

DURA 2 SEMANAS EN LA NEVERA
AGUA DE PEINADO:
1 CUCHARADA DE ZUMO DE LIMÓN
1 CUCHARADA DE AGUA
¡Y MEZCLA!

DEFINIDOR DE RIZOS:
1 CUCHARADA DE SEMILLAS DE LINO
8 CUCHARADAS DE AGUA
¡HIERVE 10' Y CUELA!
DURA 2 SEMANAS EN LA NEVERA

PASTA DE DIENTES:
1 CUCHARADITA DE ARCILLA
CAOLÍN O DE BICARBONATO
4 CUCHARADAS DE ACEITE DE COCO
6 GOTAS DE ACEITE
ESENCIAL (OPCIONAL) ¡Y MEZCLA!

SÉRUM:
MANTECA DE KARITÉ
O CUALQUIER ACEITE

ACONDICIONADOR:
1/2 VINAGRE DE
MANZANA
1/2 AGUA
¡Y MEZCLA!

DESODORANTE:
2 CUCHARADAS DE KARITÉ
O ACEITE DE COCO (O LOS DOS)
2 CUCHARADAS DE BICARBONATO
2 CUCHARADAS DE ALMIDÓN DE MAÍZ
¡Y MEZCLA!

**RECETAS CASERAS
¡FACILÍSIMAS Y RÁPIDAS!**

Todas estas recetas las hemos usado durante mucho tiempo y la mayoría son ingredientes que normalmente tenemos en casa y que usamos para otras cosas. Además, son ingredientes que podemos encontrar a granel o en envase de papel, vidrio o aluminio, pues viene cantidad suficiente para que nos duren muchos meses, incluso años, por lo que realmente sale a cuenta.

Por ejemplo, el aceite de coco y la manteca de karité solo los utilizo para aquello para lo que todavía no he encontrado una alternativa mejor. A veces, cuando algo se pone de moda, vemos las ventajas, pero no pensamos mucho en el impacto que puede tener tanta demanda en su lugar de origen ni todos los kilómetros que tiene que recorrer, por eso, si los compro, los utilizo solo para lo justo y necesario; de esta manera, me duran muchísimo tiempo, en mi caso, hasta dos años. Así no tengo que renovarlos cada poco tiempo.

Si lo de hacerte algunos de tus propios cosméticos no te convence por el motivo que sea, en tiendas físicas u *online* donde venden productos *zero waste* hay desodorantes sólidos sin envases, otros que vienen en cartón y otros en vidrio. También hay pastas de dientes naturales sólidas sin envase o normal en vidrio y enjuagues bucales en pastilla o líquido, también en envase de vidrio.

Ahorro de agua en el baño

El agua es un bien muy preciado que debemos cuidar, sin embargo, el hecho de que salga mágicamente de nuestro grifo sin esfuerzo hace que no le demos todo el valor que deberíamos, pero es importante que nos vayamos acostumbrando a ahorrarla porque, inevitablemente, el acceso a ella cada vez será más difícil. Hay muchas maneras de ahorrarla: ducharnos en el tiempo que dura nuestra canción favorita, utilizar un vaso de agua para enjuagarnos la boca cuando nos lavamos los dientes, aprovechar el agua de cocción para regar las plantas. Incluso en las zonas donde hay cortes de agua, algo cada vez más común, se puede recoger el agua de la lluvia con cubos para después reutilizarla en el lavado de platos y demás (si tienen la suerte de que llueva, claro).

En mi caso, una de las cosas que hago desde que me independicé es recoger el agua de la ducha mientras se calienta. En mi casa perderíamos ocho litros de agua cada vez que abrimos el grifo hasta que se calienta, un desperdicio muy grande.

Si la recogemos, podemos utilizarla para fregar los platos, el suelo, regar las plantas, para el váter, para poner ropa en remojo, etcétera.

Nosotros recogemos el agua en una garrafa de veinte litros que tiene un grifo incorporado. Después la ponemos al lado del fregadero y podemos utilizarla fácilmente para fregar los platos, pero no es algo imprescindible. El agua se puede recoger con cualquier garrafa de agua embotellada que tengamos, barreño o incluso con el cubo de fregar.

Cosmética

La cosa se complica un poco a la hora de evitar residuos en productos de cosmética, por eso, al igual que en el baño, debemos replantearnos nuestras verdaderas necesidades y prescindir de todo aquello que no nos aporte ningún valor. Si te encanta el mundo de la cosmética, esto será todo un reto porque es un mundo muy goloso, pero simplificar te ayudará a dar más valor a lo que realmente te funciona y te agrada. Al final, el cajón de cosméticos es como el armario, lo tenemos lleno de cosas que no utilizamos ni necesitamos, pero que están ahí por si acaso.

En mi caso, debido a los problemas que tuve en la piel cuando era más joven, no podía utilizar maquillajes y la verdad es que nunca sentí la necesidad de usarlos. Pero siempre he usado colorete, corrector de ojeras y rímel. Personalmente, no necesito más, pero soy consciente de lo tentador que es, porque uno de mis primeros trabajos cuando entré en el mundo laboral fue en perfumería y cosmética, pero debemos entender que estamos muy condicionados por la publicidad, que nos incita a ver la belleza en la superficialidad de las cosas y crea en nosotros complejos y necesidades innecesarias. Más allá de esto, si te apasiona la cosmética, intenta simplificar y reflexionar sobre la cantidad de cosas que a día de hoy nos venden y son totalmente innecesarias.

En este caso, la mejor receta de maquillaje que te puedo dar es la sonrisa. Créeme, no existe mejor maquillaje que sonreír y, además, nos ayuda a ser más felices y a cambiar el mundo que nos rodea. Eso vendría a ser la definición exacta de «producto de belleza».

Esto es lo que yo uso. En el caso del colorete, puedes elegir el tono que más te guste. A mí me gusta especialmente el cacao porque le da un toque de bronceado a la piel. Si tienes la piel muy blanca, puedes rebajar el cacao con una pizca de almidón de maíz, la típica maicena, o también con harina de arroz. Lo mismo con la remolacha en polvo. En el caso de la remolacha, si no la encuentras a granel, puedes encontrar varias recetas *online* para deshidratarla.

Si la harina de garbanzos no te convence como corrector de ojeras, puedes mezclar el cacao con harina de maíz o de arroz hasta encontrar el tono que desees, y lo mismo para hacer maquillaje en polvo. Muchos de estos ingredientes, como el cacao, la remolacha, el carbón, la manteca de karité y las diferentes harinas, se usan también como base para labiales, *eyeliner*, sombra de ojos e incluso para champús en seco. Es todo un mundo para experimentar y una buena oportunidad no solo para evitar envases, sino para controlar los ingredientes y evitar los productos químicos nocivos que se añaden a los maquillajes comerciales, pero con cuidado, porque los ingredientes naturales no siempre son sinónimo de inocuidad.

Igualmente, la cosmética natural es ensayo y error hasta encontrar aquellas recetas que nos gusten y nos funcionen. Por ejemplo, en mi caso, lo que más me costó fue encontrar una receta de rímel que me gustara, que fuera fácil y que no llevara ingredientes que no iba a usar para otras cosas. Fui probando con diferentes ingredientes que le dieran la textura que deseaba y, a base de muchos intentos fallidos, quedé encantada con esta receta. No es *waterproof,* pero da volumen a las péstañas y las tiñe, así que para mí cumple perfectamente su función.

Si no encuentras carbón activo, ya sea molido en envase de vidrio o carbón obtenido de madera quemada, puedes tostar almendras en una sartén o en el horno hasta que queden completamente negras y machacarlas después con un mortero o apretando con la base de una cuchara hasta que quede un polvo fino. También se puede hacer con un procesador, pero aviso que lavarlo después es todo un reto.

Si nada de esto te convence, también existen marcas de maquillaje más sostenibles que utilizan envases de bambú o de aluminio, que usan ingredientes naturales y que no testan en animales, punto muy importante a tener en cuenta.

Para desmaquillarnos, evitemos los discos y toallitas desechables. Son un desperdicio de recursos enorme y tenemos opciones reutilizables más sostenibles. Además, los aceites son los mejores desmaquillantes (aunque no tanto como la almohada) y también los mejores para tratar la piel e hidratarla, independientemente del tipo de piel que tengas.

En el caso de las cremas, pasa lo mismo que con el maquillaje, hay miles de tentaciones: crema de día, de noche, antiarrugas, bronceadoras, para pieles secas, para pieles grasas, anticelulíticas, antiestrías, para pieles sensibles, tónicos…

Yo fui de las que me pasé años probando cremas que me resolvieran los problemas de piel que tenía debido a la grasa. No solo para la cara, sino también para el cuerpo. Al final, terminé por rendirme y no volver a comprar nada y, curiosamente, acabé ganando. Mi piel se reguló sola (dentro de sus irregularidades) sin haber hecho nada y hace más de diez años que no he vuelto a utilizar ninguna crema. A veces simplemente debemos aceptar los procesos de nuestra piel y mejorarla desde dentro hacia fuera, a través de la alimentación, aunque esto no siempre funciona, evidentemente.

Si tu piel necesita hidratarse, incluso si la tienes grasa, lo mejor son los aceites o las mantecas: aceite de argán, karité, coco, almendras... Se pueden encontrar en envases de vidrio, duran más y son más naturales que cualquier crema comercial.

La limpieza del hogar

Siempre pensé que necesitaba un producto de limpieza específico para cada parte de mi casa: uno para el baño, otro para los azulejos, otro para el suelo, para la cocina, los muebles, los espejos...

De hecho, recuerdo que, cuando me independicé, se habían puesto muy de moda las toallitas desechables limpiadoras, y yo las compraba todas: unas para los muebles, otras para la nevera, para el horno, para los espejos, para los metales..., y yo tan feliz. Además, tenemos especial obsesión con los olores de los productos de limpieza y pensamos que, si no «huelen a limpio», a pino o lavanda, no limpian.

Finalmente, ¿cuántos productos podemos llegar a acumular? Lo peor es que la mayoría de las veces no solo no tenemos en cuenta la cantidad de envases, sino que tampoco pensamos en la peligrosidad de estos productos. Con solo mirar las etiquetas y leer frases como: «Muy tóxico para los organismos acuáticos con efectos duraderos» ya debería darnos miedo y ser un motivo más que suficiente para buscar alternativas más respetuosas con el medioambiente y con nosotros mismos.

Lo increíble es que ni siquiera necesitamos esos productos. Cuando descubrí que podía limpiar mi casa con tan solo dos ingredientes, vinagre y bicarbonato, que son naturales, muy económicos y que, además, limpian y desinfectan perfectamente, sentí una vez más cómo la publicidad nos engaña descaradamente.

LIMPIEZA DE LA CASA

ESPEJOS
VENTANAS
CRISTALES
SUELOS
POLVO
NEVERA
MICROONDAS

MULTIUSOS SUAVE
50 % AGUA, 50 % VINAGRE (DE CUALQUIER TIPO)

SE PUEDE HACER UNA PASTA CON UN POCO DE AGUA

BICARBONATO
REMOVER GRASA
(HORNO, QUEMADORES,
COCINILLA...)
QUITAR OLORES
(NEVERA, MICROONDAS...)
WC
MAMPARAS
LAVABO
LIMPIAR PLATA

VINAGRE
MAMPARAS
LAVABO
WC
AZULEJOS
QUITAR ETIQUETAS

¡CUIDADÍN, QUE HACE MUCHA ESPUMA AL MEZCLAR!

MEZCLA DE BICARBONATO Y VINAGRE PARA MANCHAS DIFÍCILES O DESATASCAR TUBERÍAS
1 VASO DE VINAGRE
1/2 VASO DE BICARBONATO
DEJAR ACTUAR Y ACLARAR CON
AGUA HIRVIENDO

WC
MAMPARAS
GRASAS...

El vinagre es altamente desinfectante. Es capaz de matar diferentes tipos de bacterias y microorganismos y de actuar contra el moho y la corrosión, entre muchas otras cosas. Es inocuo y muy económico.

Además, el vinagre solo huele en el momento en que lo utilizas porque después el olor desaparece completamente.

El bicarbonato cumple prácticamente las mismas funciones. También es desinfectante y se puede mezclar con el vinagre para suciedades más difíciles.

Tanto el bicarbonato como el vinagre de limpieza se pueden encontrar en droguerías a granel, pero, si no tienes tiendas de este tipo cerca, puedes buscar el bicarbonato en bolsas de papel. Si solo encuentras en plástico, intenta buscar bolsas o sacos con la mayor cantidad posible, mejor que bolsas pequeñas. El vinagre, puesto que no tiene que ser específico de limpieza, puedes encontrarlo de vino y de manzana en botellas de vidrio en cualquier supermercado, que era como lo comprábamos nosotros antes de encontrarlo a granel. También hay algunas tiendas de vino a granel que te venden la cantidad que quieras de vinagre de vino. Y, si no tenemos otra opción, garrafas de plástico de la mayor cantidad de litros que encontremos. Aunque no consigamos evitar el plástico, hay que pensar que, por lo menos, son productos que no dañan el medioambiente ni la vida marina.

Personalmente, como madre, también me tranquiliza bastante no tener en mi casa productos de limpieza potencialmente tóxicos con los que mis hijos puedan estar en contacto.

Para lavar los platos se puede utilizar jabón sólido de Marsella o de Alepo. Duran muchísimo y son bastante económicos. Solo hay que frotar la esponja o el cepillo húmedo en el jabón y fregar. Pero no a todo el mundo le funciona igual, porque depende mucho de la dureza del agua del lugar donde vivas. De hecho, a mí no me funcionó ningún jabón casero para platos de todos los que probé.

Estos mismos jabones también sirven para lavar la ropa y se puede hacer detergente líquido con ellos. Además de ser cien por cien naturales, también son multiusos y nos permiten ahorrar mucho dinero.

Y, como sustituto a la lejía, blanqueador de ropa y quitamanchas, aparte del sol, el mejor es el percarbonato de sodio, que también se puede encontrar a granel o en bolsas de papel.

También existen las nueces de lavado, que provienen del árbol *Sapindus mukorossi,* originario de la India y Nepal. Las usé durante un año y sí, son nueces, tal cual, pero no son comestibles. Contienen saponina y, cuando entran en contacto con el agua por encima de treinta grados, liberan un detergente con el que podemos lavar la ropa o hacer la limpieza de la casa, entre muchísimos otros usos. Son cien por cien naturales, duran muchísimo y se añaden al compost una vez utilizadas. Como desventaja, provienen de la India, nada cerca en mi caso, y su uso cada vez más extendido en países de Europa y América puede afectar negativamente a las comunidades locales, como suele pasar cuando algo se pone de moda en los países desarrollados.

Este fue el motivo por el que dejé de usarlas, por la huella de carbono y por las posibles repercusiones socioeconómicas, aunque cada vez hay más tiendas que las venden de cultivos sostenibles y un kilo puede durarte entre uno y dos años. En mi blog puedes encontrar la receta para hacer jabón líquido con las nueces.[24]

En definitiva, hay cientos de alternativas y recetas para hacernos muchos de nuestros productos de limpieza y prescindir de los comerciales, pero recuerda siempre la importancia de que sean lo más simples posible y que no requieran demasiados ingredientes.

Si la idea de hacértelos no te convence, siempre puedes comprarlos a granel si tienes esta posibilidad.

Utensilios para la limpieza

Hoy en día, la mayoría de los útiles de limpieza son de plástico y de baja calidad. Muchos de ellos tienen una vida útil de no más de tres meses. En el caso de las bayetas de microfibra, fregonas y esponjas, desprenden microplásticos, tal como ya hemos visto, y, además, no se reciclan, por lo que encontrarlos lo más naturales posible es importante, aunque nada fácil, dependiendo de donde vivas.

ÚTILES DE LIMPIEZA
LO QUE USAMOS NOSOTROS

ESCOBA
DE MADERA Y FIBRA DE COCO

RECOGEDOR
DE METAL

HARAGÁN
SUSTITUYE A LA FREGONA
Y ES DE ACERO Y GOMA DE CAUCHO

SE PONE UN PAÑO HÚMEDO
¡Y A FREGAR!

CEPILLO NATURAL Y DUCHETA
SUSTITUYEN A LA ESCOBILLA DE BAÑO

LIMPIACRISTALES DE CAUCHO Y ACERO
PARA LIMPIAR ESPEJOS, MAMPARAS Y CRISTALES
EN LUGAR DE HACERLO CON PAÑOS

TRAPO
RETALES DE TOALLA
O ROPA VIEJA O PAÑOS DE ALGODÓN

Nosotros hace tiempo que dejamos de usar fregona y comenzamos a usar haraganes, como antiguamente se hacía en Canarias. Son como los limpiacristales metálicos, pero más grandes y puedes introducir el palo con facilidad para limpiar cómodamente. Además, duran muchos años, te permiten limpiar más rápido y puedes usarlos con trapos viejos que enjuagas en cualquier barreño sin necesidad de cubo escurridor. Al utilizar vinagre para la limpieza y no productos químicos, tampoco tengo la necesidad de usar guantes.

Otra de las cosas de las que decidimos prescindir fue de la escobilla de baño. Ahora utilizamos un cepillo de madera natural combinado con la ducheta, ya que el agua es regulable y puede salir a muchísima presión si quieres, aunque esta última no es imprescindible para limpiar. El cepillo nos parece mucho más higiénico y fácil de lavar, además de llegar a todos los rincones.

En el caso de la escoba, usamos la de fibra de coco, que es una maravilla. A día de hoy, mientras escribo este libro, mi escoba tiene más de un año y está impecable, mientras que las de plástico se me deformaban en poco más de un mes.

Hay muchas alternativas, aunque, como siempre, no las tenemos tan al alcance: cubos de fregar metálicos, fregonas de algodón con soporte de acero, escobas de madera, guantes de caucho natural, escobillas de baño de madera y fibra vegetal, estropajos naturales, etcétera.

Lo ideal, como siempre, es simplificar y reutilizar lo que tengamos. Por ejemplo, si tenemos palos metálicos o de plástico que todavía son útiles, no tiene sentido reemplazarlos por palos de madera. Al igual que los cubos o recogedores.

Perros y gatos

El impacto medioambiental de los perros y gatos es mucho mayor de lo que mucha gente piensa. Por un lado, por su alimentación, basada principalmente en carne, y, por otro, porque hay todo un mundo de consumismo que gira en torno a ellos y que crece sin parar. Se estima que en el cincuenta por ciento de los hogares occidentales hay perros o gatos y, si nos centramos solo en el impacto que tienen los ciento sesenta y tres millones de perros y gatos domésticos que hay en Estados Unidos en cuanto a consumo de carne se refiere, vemos que son responsables de entre el veinticinco o treinta por ciento del impacto ambiental derivado de la producción animal (uso de la tierra, el agua, el combustible fósil, el fosfato y los biocidas), lo que se traduce en sesenta y cuatro millones de toneladas de CO_2 anuales.[25] Pero esto es como los hijos, aunque su huella sea grande, lo que aportan y enseñan es tan inmenso que nadie que viva con animales se plantearía no tenerlos, independientemente del impacto que pueda tener su vida en el medioambiente. Además, podemos reducir su huella, igual que lo hacemos con la nuestra, cambiando algunos hábitos y replanteándonos, una vez más, lo que es necesario para ellos y lo que no.

En nuestro caso, aunque los perros y los gatos siempre formaron parte de nuestra vida, ya hace años que no convivimos con ellos, pero hago un viaje al pasado para recordar cómo era la vida en su compañía y comparto contigo algunas alternativas e ideas que he ido recopilando a lo largo de estos años de personas que conviven con animales y que comparten sus trucos para reducir al máximo los residuos que generan.

PERROS Y GATOS **ZERO WASTE**

PALA DE METAL

BOLSAS HECHAS CON PAPEL DE PERIÓDICO U OTRO TIPO

PAPEL DE PROPAGANDA

PARA RECOGER LAS CACAS

BOLSAS COMPOSTABLES

ARENA BIODEGRADABLE PARA GATOS

GALLETAS Y GOLOSINAS ARTESANAS Y A GRANEL

JUGUETES CASEROS HECHOS CON RETALES DE ROPA VIEJA O MATERIALES RECICLADOS

JABÓN SÓLIDO ESPECIAL PARA PERROS Y GATOS

PIENSO A GRANEL O EN SACOS DE PAPEL Y LA MAYOR CANTIDAD POSIBLE

PIENSO

BICARBONATO PARA QUITAR LOS OLORES DE SOFÁ, ALFOMBRAS, MANTAS...

ANTIGUO GUANTE DE FREGAR QUE TENGAMOS

PIEDRA PÓMEZ

CEPILLO QUITAPELOS

PARA QUITAR PELOS DE LA ROPA, SOFÁ, CAMA, COCHE, ETC.

Cada vez hay más lugares donde comprar pienso, galletas y golosinas a granel con tus propias bolsas y recipientes, pero si en tu caso no tienes esta opción, hay muchas marcas que envasan en cartón o sacos de papel. En el caso del pienso, si decides comprarlo en plástico, intenta comprar la mayor cantidad posible. Mejor un envase grande que muchos pequeños.

Para recoger las cacas de los perros, mucha gente utiliza directamente papel de propaganda o periódico, pero también se pueden hacer bolsas con papel; en mi canal de YouTube hay un videotutorial de cómo hacer estas bolsas en menos de un minuto.[26] Para meterlas dentro de la bolsa, puedes ayudarte de una pala metálica o de otro papel. Lo mejor es tirarla al contenedor, porque la mayoría de las papeleras que hay por la calle son abiertas y, si llueve, el papel se deshace. En el caso de las bolsas biodegradables o compostables, si optas por estas, hay que tener cuidado porque muchas marcas las etiquetan como biodegradables, engañando descaradamente al consumidor, cuando en realidad son oxodegradables. Tal como te conté ya sobre estas bolsas, están hechas de plástico convencional y se les añade un aditivo para que se fragmenten antes hasta quedar en microplásticos, un peligro medioambiental aún mayor. Por lo que, si en las bolsas pone que están hechas con tecnología EPI o tecnología D2W, evítalas y busca las bolsas que tengan el sello o certificado de compostabilidad.

Celebraciones

Vivimos en una época de excesos en todos los sentidos, y es algo que se refleja muchísimo en las celebraciones que hacemos. Y se nota, principalmente, porque la mayoría de las celebraciones coinciden en cinco puntos: en la basura descomunal que se genera, en el exceso de comida y bebida, en el despilfarro económico, en la cantidad de regalos y, en muchos casos, en las personas que se invitan por compromiso. «¡Total, una vez al año no hace daño!», decimos siete mil quinientos millones de personas en el mundo para excusarnos del avecinamiento de un derroche en toda regla para no sentirnos culpables. Todos lo hemos dicho alguna vez.

Pero, aunque antes no me daba cuenta de la cantidad de basura que se genera en una celebración, confieso que ahora mi gozo queda en un pozo cuando llego a una fiesta donde solo hay desechables.

Como no me agradan mucho este tipo de «sorpresas», intento ir siempre preparada.

Si la fiesta es organizada por la familia o por amigos íntimos, pido que me permitan coger vaso, plato y cubiertos reutilizables de su cocina y me comprometo después a lavarlos. Y, si se da la oportunidad, aprovecho para darles algunas ideas sobre cómo montar una fiesta sin usar desechables.

Otra opción es llevar nuestros propios reutilizables si sabemos o sospechamos que habrá desechables en el lugar, aunque hay que reconocer que si es una celebración relativamente pequeña y hay gente que no conocemos o no tenemos mucha confianza, cuesta más atreverse y aceptar que nos vean como unos «marcianos extremistas». Aunque siempre es una buena oportunidad para entablar conversación y explicar por qué lo hacemos, sin enrollarnos demasiado.

Personalmente, no suelo asistir a celebraciones íntimas por compromiso, sino a aquellas donde me siento cómoda y hay personas importantes para mí o para mi familia, por lo que rara vez me encuentro en medio de una fiesta en la que no pueda utilizar un vaso reutilizable, pero eso no quiere decir que no sean situaciones a las que quizá tenga que enfrentarme en el futuro y, en esos momentos, tendré que elegir cuál es la mejor opción. Cada uno debe encontrar su propio equilibrio en este sentido y saber discernir en cada momento y situación.

En el caso de que seamos nosotros quienes preparemos la celebración, contamos con muchas ventajas y, aunque no siempre es fácil organizar una fiesta sin usar ningún desechable, podemos encontrar muchas maneras para reducir al máximo.

Personalmente, si algo he disfrutado siempre son los preparativos de una celebración, especialmente cuando he tenido tiempo para hacerlo, porque, si no, me agobio, todo hay que decirlo. A veces una simple cena con amigos y otras veces celebraciones más grandes: fiestas sorpresa, cumpleaños, despedidas de soltera o lo que sea. Me encantan esos momentos en los que, junto con mi familia y amistades, nos rompemos la cabeza pensando en todos los preparativos y en qué cosas hacer para que sea un día emocionante y, sobre todo, me encanta compartir momentos con la gente que quiero, aunque a veces no me dé la vida para hacerlo tan a menudo como querría.

Una de las primeras cosas que podemos plantearnos es qué tipo de fiesta queremos celebrar. Apostar por la sencillez y el cuidado de los pequeños detalles, dando prioridad a disfrutar de ese día con las personas que son importantes para nosotros, nos hará ganar mucho terreno, ya sea una boda, un bautizo, la comida de Navidad, un cumpleaños o cualquier celebración.

Centrándonos en celebraciones en las cuales tenemos el control de toda la organización, tenemos muchas maneras de hacer posible una fiesta de residuo cero y marcar la diferencia.

Evidentemente, usar reutilizables en una fiesta implica lavarlos después, pero el tiempo que nos puede llevar hacerlo es solo un instante en comparación con los cientos y cientos de años que estarán en la Tierra si usamos los desechables. Generalmente, usamos desechables por comodidad, por no tener después que lavar, pero la verdad es que nuestro cansancio o pereza tiene a la Tierra agonizando, por eso disfrutar es importante, pero, en esta época, disfrutar con conciencia es crucial.

Si finalmente te resulta imposible reunir todo el menaje necesario, siempre puedes buscar platos, vasos y cubiertos compostables o comprar servilletas de papel reciclado.

Si lo que queremos es organizar por nuestra cuenta un evento mucho más grande, como puede ser una boda o un supercumpleaños en una masía o un local, muchas de estas ideas son válidas, como puede ser el tema de las bebidas en vidrio o el alquiler de menaje. Lo bueno de las empresas que se dedican a alquilar material para eventos es que suelen alquilar prácticamente de todo: vajilla, cubertería, mantelería, accesorios para mesa, todo tipo de decoración, incluso muebles, sofás y todo lo que puedas imaginarte, por lo que no tienes que preocuparte de comprar cosas que después haya que tirar y te aseguras de que se seguirán reutilizando.

Si lo que hacemos es una pequeña celebración íntima, como una cena con pocos invitados, resultará mucho más fácil y muchas de las ideas anteriores serán perfectamente viables.

Si lo hemos conseguido, ya solo nos queda disfrutar de la satisfacción que da lograr una fiesta *zero waste* al cien por cien, aunque, igualmente, no está de más tener el corazón preparado para este tipo de «posibles imprevistos».

Y si no hemos conseguido evitar todos los desechables, no debemos frustrarnos (demasiado), lo importante es evitar el máximo posible, pero siempre dentro de nuestras posibilidades y circunstancias y teniendo como prioridad causar el menor impacto posible, así como que sea un día especial para disfrutar.

Regalos

Según Gary Chapman, autor del libro *Los cinco lenguajes del amor*, uno de los cinco lenguajes del amor son los regalos. Quizás porque, tal como dice Chapman, la actitud del amor está acompañada por el sentimiento de dar.

Cuando recibimos un regalo, no es tan importante su valor como el mensaje que lleva consigo de que alguien estuvo pensando en nosotros, de que, cuando lo hizo o lo compró, estuvo dedicando tiempo a buscar y preparar algo con el sentimiento de agradarnos, de vernos sonreír y emocionarnos, y eso es lo que hace que un regalo sea especial. Pero esto es otra de las cosas que se está perdiendo. Ahora muchas veces «se mide» el amor según la cantidad de regalos que recibimos y su valor económico, y nos vemos comprometidos a hacer regalos incluso a personas que prácticamente no conocemos, ni sus gustos ni aficiones ni necesidades.

Hemos transformado los días más bonitos del año, que han perdido todo su significado original, y los hemos convertido en días de consumir, gastar y regalar más de lo que podemos permitirnos, y nos hemos olvidado de lo más importante: de disfrutar con las personas que queremos. Pero existe una presión social a la que parece muy difícil escapar, de que, si no regalas, no amas. Incluso se ve como una falta de respeto aparecer en un cumpleaños, una boda o el día de Navidad con las manos vacías.

Yo soy de las que creo que los regalos más auténticos que hacemos y recibimos se salen de las fechas preestablecidas, son los que se entregan un día cualquiera sin ningún motivo, los que están promovidos únicamente por la espontaneidad y no porque el calendario nos obligue, y es así como surgen los pocos regalos que hago, pero también soy de las que regala en fechas señaladas. La diferencia es que ya no los hago por compromiso y que el tipo de regalos por los que me decanto ha cambiado mucho.

He de decir igualmente que nunca he sido de hacer muchos regalos materiales, porque hay algo que nunca he soportado, y es ir de compras. Los centros comerciales y caminar durante horas en busca de no sé qué siempre ha sido un sufrimiento para mí, y eso me llevaba muchas veces a que, cuando decidía hacer un regalo, buscaba cualquier cosa para «cumplir» sin más complicación. También me ha pasado lo contrario: estar tan emocionada con la preparación de un regalo que me he recorrido medio mundo con gusto sin mirar siquiera el reloj. Esa es la diferencia que claramente nos avisa de cuándo estamos haciendo algo por compromiso y cuándo lo estamos haciendo de corazón.

Pero, cuando comencé a simplificar mi vida y a centrarla en las cosas verdaderamente importantes y esenciales, dejé automáticamente de sentir la necesidad tanto de recibir regalos como de hacerlos. Por un lado, dejé de encontrarle sentido a regalar cosas que acaban en el fondo de los armarios, cosas innecesarias. Y, por otro lado, ya no quería que me hicieran más regalos de cosas que no necesitaba ni aportaban nada a mi vida.

Lo increíble es que yo siempre fui de las que esperaba con ansia los regalos del día de Reyes y de mi cumpleaños, no perdonaba que mi familia apareciera sin regalos, y eso me llevaba también a no sentirme nunca satisfecha, como si nada fuera suficiente. Tal como dice Oliver James, psicólogo y autor del libro *Affluenza*, «querer siempre más es un camino sin salida emocional».

Así que las Navidades del 2016 le dije a toda mi familia que no quería ningún regalo material, les expliqué el motivo, cómo habían cambiado mis necesidades y les pedí por favor que me entendieran, me respetaran y me apoyaran en esa decisión tan importante para mí. Normalmente, es difícil que nos hagan caso, y eso es muy frustrante, pero parece que esa vez mi familia me vio realmente convencida, porque me respetaron y no me hicieron regalos, y fue la Navidad más feliz de mi vida, fue una auténtica liberación y por primera vez viví la Navidad como lo que es: como un día para compartir, amar y estar con las personas que quiero.

Desde aquel día, con mi marido y mi familia más cercana solo nos regalamos experiencias, porque los regalos materiales se olvidan, pero las experiencias son regalos para toda la vida. Aunque a mi marido a veces se le olvide…

Hay tantos regalos que podemos hacer… Regalos útiles, sostenibles, basados en vivir nuevas experiencias y que pueden ser inolvidables, además de muy originales.

PUEDO LLEGAR A ACEPTAR QUE ME REGALEN UNA FLOR CORTADA EN PLÁSTICO, PERO JAMÁS ACEPTARÍA QUE ME LLAMARAN <<PICHONCITO>>

Estos son los tipos de regalos bonitos y especiales que jamás rechazaría y que seguro que nunca olvidaría, y son los regalos que me gusta hacer. Es una manera de poner mi voto a un futuro que esté marcado por un modelo de consumo centrado en las experiencias y en las cosas útiles.

ÍDEAS DE REGALOS QUE NO SE OLVIDAN

REGALO MOMENTOS, EXPERIENCIAS Y EMOCIONES...

Si tenemos ilusión por hacer un regalo material, a la hora de elegirlo podemos tener en cuenta varios factores importantes:

- Búscalo con tiempo y a conciencia. De esta manera no terminarás comprando cualquier cosa.
- Ten en cuenta el origen de lo que compras: cómo y dónde se ha producido, en qué condiciones. El sello *fairtrade* (comercio justo) es un buen indicador.
- Piensa en regalos que sean útiles para la persona, y si son cosas que pueden ayudarla a reducir su huella ambiental, mejor.
- Busca que sea de calidad y durable en el tiempo.
- Asegúrate de que el tipo de material con el que esté hecho el producto sea respetuoso con el medioambiente.
- Intenta comprar siempre a pequeñas marcas y emprendedores.
- Recuerda que los productos artesanales o hechos por nosotros mismos suponen un plus.

Las opciones son infinitas y, conociendo bien a la persona, sus gustos y aficiones, podemos dar con el regalo perfecto.

Ahora solo necesitamos ideas originales y bonitas para envolver de manera más sostenible. El papel de regalo que usamos y tiramos en apenas unos segundos es un desperdicio de recursos innecesario, y ya no solo es de papel, también lo hay de plástico brillante y llamativo que se ha puesto muy de moda.

Solo en España, en épocas navideñas, se consumen cerca de veintiséis millones de rollos de papel para regalo, que es el ochenta por ciento de la producción anual, y cubrirían una superficie de más de veintinueve mil kilómetros cuadrados si los extendiéramos. Y, además, vienen envueltos en plástico.

CÓMO ENVOLVER SIN PAPEL DE REGALO

TELAS (FUROSHIKI)
QUE DESPUÉS PUEDAN USARSE COMO PAÑUELOS, SERVILLETAS, NUEVAS ENVOLTURAS...

WRAP (TELA ENCERADA)
PARA UTILIZAR DESPUÉS COMO ENVOLTURA PARA ALIMENTOS O TAPAR RECIPIENTES

BOLSAS HECHAS A MANO (TÉCNICA DEL ORIGAMI)
CON PAPEL DE PERIÓDICO, DE PROPAGANDAS, CON PAPEL DE REGALO REUTILIZADO... Y SIN ADHESIVOS

CAJAS DE MADERA O CARTÓN
PARA DESPUÉS GUARDAR COSAS.
LAS DE CARTÓN PODEMOS PEDIRLAS A ALGÚN COMERCIO QUE VAYA A DESECHARLAS

BOLSA DE TELA
PARA REUTILIZARLA EN COMPRAS, MERIENDAS, GUARDAR COSAS...

PAPEL REUTILIZADO
DE VIEJOS MAPAS, PARTITURAS, PERIÓDICOS, PASATIEMPOS...

TUBO DE CARTÓN DE PAPEL HIGIÉNICO O DE COCINA
PARA REGALAR PEQUEÑOS DETALLES

¡NADA!
ESCÓNDELO EN UN LUGAR Y VE DEJANDO PISTAS POR EL CAMINO QUE CONDUCE A SU ESCONDITE.
¡A LOS NIÑOS LES ENCANTA!

PARA DECORAR EL PAQUETE
ELEMENTOS NATURALES COMO PIÑAS DE ÁRBOL, HOJAS SECAS Y RAMAS, FLORES DE PAPEL DE PERIÓDICO, PLUMAS DE PAPEL REUTILIZADO, PINTURAS PARA DAR COLOR...

PARA NO USAR ADHESIVO DE PLÁSTICO
CELO DE PAPEL, CUERDAS Y CINTAS, PINZAS (DE TENDER ROPA), ENVOLVER CON LA TÉCNICA DE ORIGAMI, MASILLA ADHESIVA REUTILIZABLE...

O HAZ TU PROPIO ENGRUDO O COLA
1/2 VASO DE HARINA
1 VASO Y MEDIO DE AGUA
1 CUCHARADA DE AZÚCAR
1/2 CUCHARADA DE VINAGRE
COCINA A FUEGO LENTO LA HARINA Y EL AGUA SIN DEJAR DE REMOVER, HASTA QUE COJA UNA TEXTURA IGUAL A LA COLA COMERCIAL. AÑADE EL AZÚCAR Y EL VINAGRE, REMUEVE Y COCINA UNOS SEGUNDOS MÁS. DEJA ENFRIAR Y CONSERVA EN UN TARRO DE VIDRIO.

Las bolsas hechas a mano con la técnica del origami, que son las mismas que confecciono para tirar los residuos y que veremos más adelante.

Si no quieres recibir regalos, es importante que lo hagas saber. Puedes hacerlo de manera original: envía una carta a tu pareja, familiares y amigos en la que les expliques por qué tus necesidades han cambiado, cómo las cosas materiales han pasado a un segundo plano y cómo valoras más que nunca las experiencias.

Pero, si finalmente no hay manera de convencerlos (que también pasa), siempre puedes darles algunas de las ideas que te harían más feliz: hacer una donación a una causa en tu nombre, libros, experiencias, momentos compartidos, ¡comida!...

Fuera de casa

Para no generar residuos fuera de casa, siempre debemos ir bien preparados, pero ya te adelanto que a veces se convierte en una tarea titánica evitar desechables en la calle. Es como si existiera una especie de conspiración que tiene como objetivo únicamente colarnos plásticos por todos lados. Como dice el refrán: «¿No quieres sopa? Pues toma dos tazas».

En casa, podemos llegar a tenerlo todo bastante controlado, al igual que nuestras compras del día a día, pero, cuando salimos a tomar algo o vamos a algún evento, hay muchos factores que escapan a nuestro control, como, por ejemplo, que al camarero se le olvide que le has dicho diez veces que no quieres pajita en tu bebida.

Aun así, todo es cuestión de estar alerta y confiar en nuestras habilidades para rechazar, esas que van aumentando significativamente con la experiencia.

DESCRIPCIÓN GRÁFICA DE MI VIDA FUERA DE CASA

Lo mejor es tener siempre en el bolso o la mochila nuestro propio kit residuo cero.

Dentro de nuestro kit, lo más básico e imprescindible es llevar siempre una botella de agua rellenable para evitar agua embotellada y una bolsa de tela por si tenemos que hacer alguna compra. E iremos añadiendo cosas al kit según nuestras costumbres y necesidades diarias.

Yo en mi kit siempre llevo mi botella de vidrio, una bolsa de asas y otra pequeña por si necesito comprar algo a granel, un pequeño tenedor y una cuchara y una servilleta de tela. Son mis básicos, según mis necesidades, y los que me sacan de todos los apuros.

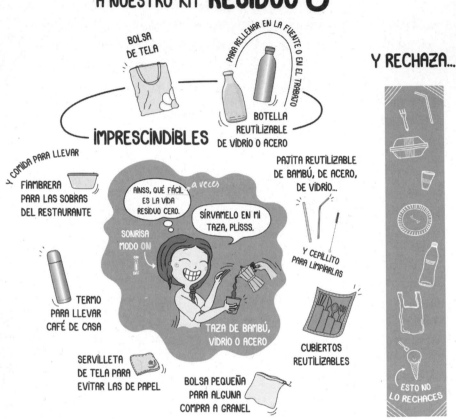

Donde quiera que vayamos, podemos anticiparnos pensando en los desechables que suelen generarse en ese lugar y añadir a nuestro kit su versión reutilizable.

Recordemos siempre pedir la bebida sin pajita. Rechacemos las tazas de café desechables, podemos simplemente permitirnos el placer de parar unos minutos y tomar el café en la cafetería o pedir que nos sirvan el café para llevar en nuestra propia taza reutilizable. En el trabajo igual, llevemos nuestra propia taza y propongamos al jefe una cafetera automática en el caso de que la que haya sea de cápsulas. En festivales o eventos, evitemos los vasos, platos y cubiertos desechables y pidamos que nos sirvan en nuestros reutilizables. Si vamos al cine, llevemos nuestros recipientes, tanto para la bebida como para las palomitas, o, mejor aún, vayamos preparados ya de casa con nuestras palomitas y refrescos caseros. Los helados, en cucurucho en lugar de vasitos, y sin cucharilla. ¿Soy la única a la que le sorprende que se haya puesto de moda poner cucharilla en los helados de cucurucho? El truco para no mancharse siempre ha sido comerlo rápido.

Y, como siempre, lo más útil es dejar la vergüenza en casa, aunque a veces cueste horrores.

Viajes

Aunque desde que soy madre ya no viajo tanto, siempre me ha gustado conocer nuevos países y culturas, aun siendo consciente de que el avión es el medio de transporte más contaminante con diferencia, pero es un placer al que cuesta renunciar.

Muchos de los viajes que he hecho me han enriquecido tanto como persona y he aprendido tanto en ellos que no los cambiaría por nada, pero, por otro lado, he dejado de encontrarle sentido a viajar miles de kilómetros para disfrutar de una playa o de un paisaje cuando' hay lugares tan espectaculares en mi propio país que ni siquiera conozco.

Y es que no podemos cerrar los ojos ante el impacto que está teniendo el turismo en todos los rincones del mundo. Estamos ante un modelo de turismo irresponsable que, además de haberse masificado exponencialmente, va dejando su basura allá por donde va, incluso en lugares donde ni siquiera tienen acceso a la recolección y la gestión de los residuos. Por eso es importante que, si decidimos viajar, lo hagamos de la manera más consciente, responsable y sostenible posible:

- **Plantéate qué tipo de viaje quieres.** Si lo que quieres es descansar y estar todo el día al sol en la playa o en la piscina, piensa si es realmente necesario un viaje trasatlántico para cumplir con eso que quieres o si puedes hacer lo mismo en tu propio país o ciudad.
- **Lleva tu kit residuo cero para evitar plásticos y otros desechables.** Botella rellenable de acero, bolsa de tela grande, algunas bolsas pequeñas para comprar frutas, verduras y otros alimentos a granel, una fiambrera de acero o plástico si te gusta probar la comida callejera o la comida para llevar, cubiertos y palillos reutilizables, portabocadillos reutilizables o *wraps*, copa menstrual, maquinilla de acero, cepillo de dientes de bambú, pasta de dientes y desodorante casero, jabón y champú sólido, servilleta y pañuelo de tela, pajita reutilizable si te gusta usarla, taza

para café o infusión para llevar… Los jabones puedes enrollarlos en una pequeña toalla muy finita para secarlos después del uso y meterlos en una lata de aluminio o en una bolsa de tela.

- **Infórmate de si el lugar al que vas dispone de agua potable.** Si el agua es potable, puedes rellenar tus botellas con agua del grifo y en las fuentes que vayas encontrando. También puedes llevarte algún método de filtrado que ocupe poco espacio: botella de agua con filtro integrado, carbón binchotan, filtro de carbón activado para enroscar en el grifo, botella depuradora alcalina, o, la opción más sencilla: hervir el agua de grifo durante 10 minutos si dispones de cocina en el lugar donde te alojes. Si el agua no es potable, es posible que encuentres muchos lugares por la calle donde, por una pequeña cantidad de dinero, puedes rellenar tus botellas con agua potable o incluso lugares donde rellenarlas gratis. Y si finalmente no tienes más opción que comprar agua embotellada, compra garrafas lo más grandes posible y rellena tu botella.
- **Utiliza medios de transporte lo más eficientes posible.** Caminar, ir en bicicleta, transporte público…
- **Elige alojamientos sostenibles en la medida de tus posibilidades.** Opta por casas rurales, *campings*, intercambio de casas u hoteles ecológicos.
- **Olvídate de los «por si acaso».** Apuesta por viajar con lo básico y evita llevar cosas por si acaso las necesitas, que siempre llenan nuestra maleta y al final nunca utilizamos.

- **Compra en mercados y a granel todo lo que puedas.** Así podrás evitar empaques y bolsas de plástico, y sobre todo, así podrás disfrutar verdaderamente de los sabores de la tierra. Si dispones de cocina, organízate un menú rápido para los días del viaje, de esta manera será más fácil evitar los empaques: ensaladas, frutos secos, arroz, verduras...

- **Rechaza.** Los baños de los hoteles están llenos de pequeños jabones, maquinillas, peines y hasta pañuelos de papel individuales envueltos en plástico. Recházalos y lleva tus propios reutilizables, pero también hazlo en la calle: pajitas, vasos desechables, cubiertos de plástico y todo lo que quieran colarte. Plantéate la posibilidad de aprender en todos los idiomas posibles las tres frases más importantes a la hora de rechazar.

LAS FRASES MÁS IMPORTANTES QUE NECESITAS SABER EN TODOS LOS IDIOMAS

SIN PAJITA, POR FAVOR
EN INGLÉS: NO STRAW, PLEASE
EN FRANCÉS: SANS PAILLE, S'IL VOUS PLAÎT
EN JAPONÉS: ストローなしでお願いします
STORŌ NASHI DE ONEGAI SHIMASU

IDIOMA UNIVERSAL
SONRISA
DESCRIPCIÓN GRÁFICA
Y ALTERNATIVAS VISIBLES

SÍRVAMELO AQUÍ, GRACIAS
EN INGLÉS: PUT IT HERE, THANK YOU
EN FRANCÉS: SERVEZ-LE-MOI ICI, MERCI BIEN
EN JAPONÉS: こちらに入れてもらえますか?
KOCHIRA NI IRETE MORAEMASU KA?

NO ME DÉ BOLSA DE PLÁSTICO, TRAIGO LA MÍA
EN INGLÉS: DON'T GIVE ME A PLASTIC BAG, I HAVE MY OWN
EN FRANCÉS: NE ME DONNEZ PAS DE SAC EN PLASTIQUE, J'APPORTE LE MIEN. MERCI BIEN
EN JAPONÉS: 袋は自分の物があるので結構です
FUKURO WA JIBUN NO MONO GA ARU NODE KEKKŌ DESU

- **Olvídate de los *souvenirs*.** Soy consciente de que hay mucha gente a la que le encanta llevarse un recuerdo del lugar donde ha estado, pero ¿realmente es útil? El mejor recuerdo que puedes tener de un lugar es el propio sentimiento que se queda en ti, y siempre puedes revivirlo a través de las fotos. Pero, si eso no te convence, opta por comprar a pequeños artesanos y apoya a la economía local.
- **Rechaza participar en actividades donde se exploten animales.** Paseos en camello, caballo o elefante, masajes con serpientes, la típica foto con tigres… Evitemos contribuir a este tipo de negocios que se benefician a costa del sufrimiento animal.

- **Disfruta, pero también respeta la cultura y las costumbres.** Observa cómo viven, copia los buenos hábitos y aprovecha cada viaje para enriquecerte como persona.
- **Deja el lugar mejor de lo que lo encontraste.** Este punto lo aprendí en Japón y me parece que lo resume todo. Como muestra de agradecimiento hacia el país y su gente por acogernos, deberíamos respetar cada lugar al que vamos y dejarlo mejor de lo que lo encontramos. Aprovechemos algunos de los paseos por la playa o la montaña para recoger la basura que encontremos y dejemos cada lugar al que vayamos y donde nos hospedemos ordenado y limpio.

Todo esto lo he ido aprendiendo en los viajes que he hecho en los últimos años a base de novatadas continuas, y lo que aprendí principalmente es que la planificación es clave para tener éxito. Aun así, hay que ser conscientes de que no es lo mismo que estar en nuestra propia casa y que, cuando vas a un país que no conoces, los imprevistos surgen inevitablemente, pero lo importante, como siempre, es hacer hasta donde podamos y aprovechar cada oportunidad para aprender y mejorar sin juzgarnos a nosotros mismos.

Cómo tirar la basura sin bolsas de plástico

Una de las dudas más comunes es cómo tiramos la basura sin utilizar bolsas de plástico.

Dependerá mucho del país donde residas, incluso del barrio o distrito, porque a veces cada lugar tiene su propia normativa. Por ejemplo, hay muchos lugares de Europa, incluidos algunos lugares de España, donde está implantada la recogida selectiva de residuos puerta por puerta. En estos casos, la mayoría de las veces te obligan a utilizar bolsas de plástico o bolsas compostables para los residuos orgánicos, por lo que poco se puede hacer, más que proponer al Ayuntamiento de la localidad poder depositar los residuos directamente en los cubos de recogida sin necesidad de bolsas.

Aparte de estos lugares, si tienes contenedores específicos en tu ciudad para cada tipo de residuos, se pueden tirar directamente sin necesidad de usar bolsas, a excepción de los residuos orgánicos o la basura general, pues, dependiendo de donde vivas, no está permitido, por tema de olores y suciedad. De hecho, no tiene ningún sentido que se usen bolsas para tirar papel, vidrio o plástico, más allá de la comodidad de transportarlo.

Nosotros tenemos cuatro cubos: uno para papel, otro para vidrio, otro para plástico y otro para orgánico y, cuando se llenan, vamos con el mismo cubo hasta el contenedor y lo vaciamos, excepto el orgánico. También podemos poner los residuos en bolsas reutilizables de plástico resistente y vaciarlas en el contenedor para volver a reutilizarlas nuevamente.

Para los residuos orgánicos y la poca basura que podamos tener, hacemos bolsas de papel de periódico para tirarlos. En mi canal de YouTube puedes encontrar un videotutorial de cómo fabricamos estas bolsas.[27] Se confeccionan muy rápido y se pueden utilizar otro tipo de papeles, como los de propaganda o cualquier otro. Nosotros nunca compramos periódicos, pero los pedimos en la biblioteca o en los bares. O recolectamos los que distribuyen gratuitamente una vez al mes en mi ciudad o en la estación de tren. Es una manera de darle una segunda vida a algo que ya se ha producido y que, además, se degrada pronto.

La ventaja es que no tenemos que usar bolsas de plástico y la desventaja es que, al no ser muy grandes, hay que tirarla más a menudo, pero vale la pena.

Estas mismas bolsas, además, son útiles para otras muchas cosas. Son las mismas que uso para envolver los regalos, tal cual o añadiéndoles algunas asas o cordones. Y también las uso cuando tengo que darle algo a alguien. Incluso muchas personas las utilizan para recoger las cacas de los perros.

También se pueden tirar los residuos orgánicos en cajas de cartón, que podemos pedir en los comercios de barrio que las desechen, o en bolsas compostables, que, cuidado, no es lo mismo que bolsas biodegradables. No todas las bolsas biodegradables son compostables. Si son compostables, deben llevar un sello en la propia bolsa que certifique su compostabilidad, que varía según el país. Si no lo lleva, no te fíes y busca otra marca que sí lo tenga.

Moda

La ropa que nos ponemos refleja nuestra personalidad y es una parte importante de nuestra vida; sin embargo, la moda no ha sido algo que haya levantado demasiadas pasiones en mí, seguramente por la incapacidad que tuve siempre para decidir lo que realmente me gustaba y por detestar, literalmente, pasar largas horas de compras en lugares abarrotados de gente. Aun así, eso no quiere decir que más de una vez no me hayan dado ganas de volverme loca comprando de todo o que no haya caído en la compra compulsiva de ropa que no necesitaba y que nunca me he puesto, sobre todo en los momentos en que ha habido cambios significativos en mi vida, pero lo que nunca he hecho ha sido pensar en todo lo que había detrás de las cosas que me compraba.

Cuando comencé a indagar sobre el impacto medioambiental de la industria textil, me sorprendió lo contaminante que era esta y la cantidad de recursos que se emplean en ella. No en vano la ONU calificó a la industria del *fast fashion* (moda rápida) de emergencia medioambiental, y es que la cultura del usar y tirar de ropa barata y de mala calidad también ha llegado a la moda. Las tiendas han pasado de tener dos temporadas, primavera-verano y otoño-invierno, a tener hasta cincuenta y dos microtemporadas, pues se renuevan cada semana y «obligan» a cambiar constantemente el armario de todos aquellos que quieren estar a la moda.(ver imagen de la página siguiente).

Creo que el mayor impacto de la moda rápida se da en

IMPACTO DE LA INDUSTRIA TEXTIL

EL VERDADERO COSTE DE LA MODA LOW COST

COMPRAMOS UN 60 % MÁS DE ROPA QUE A PRINCIPIOS DE SIGLO Y NOS DURA LA MITAD

ES LA 2ª INDUSTRIA QUE MÁS AGUA UTILIZA

LA INDUSTRIA TEXTIL PRODUCE EL **20 %** DE LAS AGUAS RESIDUALES MUNDIALES

Y ES LA RESPONSABLE DEL **10 %** DE LAS EMISIONES DE CO_2 DEBIDO PRINCIPALMENTE A SU ALTO CONSUMO ENERGÉTICO Y A SUS LARGAS CADENAS DE SUMINISTRO

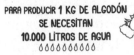

PARA PRODUCIR **1 KG DE ALGODÓN** SE NECESITAN **10.000 LITROS DE AGUA**

Y SU CULTIVO EMPLEA EL **24 %** DE LOS INSECTICIDAS Y EL **11 %** DE LOS PESTICIDAS QUE SE USAN A ESCALA GLOBAL

EL 60 % DE LA ROPA ESTÁ HECHA DE POLIÉSTER Y ES UNA DE LAS INDUSTRIAS QUE MÁS CONTRIBUYE A LA CONTAMINACIÓN POR MICROPLÁSTICOS EN LOS OCÉANOS

CADA CICLO DE LAVADO PUEDE DESPRENDER HASTA **700.000** MICROFIBRAS PLÁSTICAS QUE ACABAN EN EL MAR

EL 40 % DE LA ROPA QUE HAY EN LOS ARMARIOS **NO SE USA**

¿Y QUÉ PASA CON TODA LA ROPA QUE SE DESECHA? **85 %** VA AL VERTEDERO O SE INCINERA, **15 %** SE REUTILIZA O SE RECICLA

CON CADA PRENDA QUE TIRAMOS O NO USAMOS, DESPERDICIAMOS EL TIEMPO Y SACRIFICIO DE LAS PERSONAS QUE HAY DETRÁS DE ELLA

¿QUIÉN HACE NUESTRA ROPA?

LAS CADENAS DE PRODUCCIÓN SON TAN EXTENSAS QUE ES MUY DIFÍCIL CONTROLAR LA TRAZABILIDAD DE LAS PRENDAS

EXPLOTACIÓN INFANTIL

MALTRATO

CONDICIONES INSEGURAS

TRABAJO ESCLAVO

JORNADAS LABORALES DE 14 HORAS

MANO DE OBRA BARATA
LA PERSONA QUE CONFECCIONA SOLO SE LLEVA ENTRE EL 1 Y EL 2 % DEL COSTE DE LA PRENDA
CAMISA 5€ = 0,10€

la vida de las miles de personas que confeccionan nuestra ropa, algo que salió a la luz con más fuerza que nunca el 24 de abril de 2013, cuando el edificio Rana Plaza, que albergaba varios talleres textiles en Bangladés, se derrumbó y se llevó más de mil cien vidas y dejó a más de dos mil heridos. Entre los escombros, se encontraron etiquetas de las marcas de ropa más conocidas mundialmente, lo que dejó al descubierto el verdadero precio de la moda rápida, pagado con la vida, la sobreexplotación y el sufrimiento de tantas personas.

El documental *The true cost* («El verdadero costo») trata sobre esta catástrofe y sobre todo lo que hay detrás. Es revelador y sorprendente, y profundamente triste, ver el impacto que causamos en la vida de las personas sin ni siquiera ser conscientes de ello, desde el agricultor que planta la semilla de algodón, pasando por el tintorero, hasta las tejedoras y costureras, y sus hijos.

¿Qué supone para la vida de estas personas y para el medioambiente que la ropa sea tan barata?, ¿quién gana y quién pierde? No deberíamos dejar de hacernos estas preguntas antes de comprar ni ignorar todo lo que hay detrás.

Después de aquel día nació *fashion revolution*,[28] un movimiento mundial que denuncia las malas prácticas de la moda *low cost* y exige un cambio sistémico en la cadena de producción de la moda, que lucha por una moda limpia, transparente, justa y sostenible, pero también para concienciar a la población sobre el verdadero coste de nuestra ropa.

La unión de organizaciones y consumidores para exigir responsabilidades ha ido dando frutos y se han conseguido cambios desde aquel entonces. Muchas marcas han ido implementando mejoras y han adquirido nuevos compromisos, pero todavía queda un largo y denso camino que recorrer. Por eso debemos continuar exigiendo mejores prácticas medioambientales y laborales, sobre todo en el principio de la cadena de producción, donde las marcas pierden el control, para que garanticen la trazabilidad de cada prenda.

Igualmente, lo que está claro es que la moda rápida es insostenible y que, en un planeta de recursos finitos, esta es una de las tantas torres de crecimiento continuo que en algún momento tendrá que caer.

Ideas para una moda más sostenible
Lo primero, como siempre, es replantearnos nuestras necesidades y consumir de una manera más consciente y responsable, teniendo como prioridad causar el menor impacto posible en el medioambiente y en la vida de otros a través de nuestras decisiones de consumo.

¿Realmente lo necesito? Esta sigue siendo la pregunta clave antes de comprar cualquier cosa.

Reparar o transformar. Si tenemos ropa o calzado que está roto, podemos repararlo para alargar su vida útil. También podemos transformar aquello que tenemos en otro tipo de prenda, si ya nos hemos aburrido de la original. Por ejemplo, un vestido largo podemos acortarlo a nuestro gusto, o convertirlo en una falda o camisa. También podemos hacerlo con ropa que nos guste y otros ya no quieran. Mi madre, por ejemplo, me ha regalado ropa que ya no usaba (es muy moderna, que conste) a la que ha hecho algún arreglo para que me fuera bien.

Donar, regalar o vender. Si tenemos ropa que ya no usamos, en lugar de guardarla «por si acaso», donémosla, regalémosla o vendámosla para que pueda seguir usándose. Y si hay prendas que no están en condiciones para ninguna de estas opciones, podemos hacer con ellas pañuelos para los refriados y así evitar los de papel, trapos para la limpieza, servilletas, rellenos de cojines y todo lo que se nos ocurra.

Comprar ropa de segunda mano. La moda más sostenible es aquella que ya existe, por lo que te animo a dejar los prejuicios a un lado, si los tienes, y aprovechar al máximo todas las ventajas que tiene este tipo de compra.

* Al no demandar ropa nueva, ahorramos muchísimos recursos valiosos, como agua, electricidad, materia prima o *packaging*, además de todos los efectos derivados de la contaminación que genera la producción y distribución.
* Damos una segunda vida a ropa que está en buen estado y que otras personas ya no quieren, con lo que evitamos que acabe en el vertedero antes de tiempo.
* Podemos encontrar ropa de calidad y de buenas marcas, pero también ropa prácticamente sin usar o incluso nueva con etiqueta (consecuencia de las compras compulsivas).
* Es más económico.

- Es una manera de revalorizar una prenda y que los recursos y el trabajo de las personas que la han confeccionado no hayan sido en vano.

- Y, una de mis opciones favoritas, en una sola tienda, sea física u *online*, podemos encontrar todas las modas y temporadas sin la necesidad de recorrernos todas las tiendas de la ciudad.

Hay muchas aplicaciones *online* para comprar ropa directamente a particulares, en España la más conocida es Wallapop. También hay tiendas *online* de ropa de marca que garantizan el perfecto estado de las prendas. Por otro lado, también hay tiendas físicas dedicadas a la venta de todo tipo de ropa de segunda mano, incluso muchas tiendas de ropa *vintage* donde puedes encontrar auténticas maravillas. En muchas ciudades existen, además, tiendas físicas de segunda mano de ropa, calzado y accesorios de lujo.

Intercambiar ropa. Esta alternativa cada vez gana más terreno y es muy interesante. Consiste en reunirse para intercambiar ropa que está en buen estado pero a la que ya no damos uso, y se puede hacer solo a nivel de amistades o familiares o también se puede organizar o participar en una fiesta de intercambio (*swap party*) a nivel local, donde cada persona puede llevarse una prenda a cambio de dejar otra que ya no use.

Alquilar o pedir prestado. Hay ocasiones en las que solo necesitamos una prenda especial para un día concreto, como puede ser una boda, una fiesta o evento, una ceremonia, etcétera; en esos casos, es un derroche innecesario comprarse un vestido o un traje para usar tan solo una vez, por eso es muy buena opción pedirlo prestado a nuestras amistades o familiares, alquilarlo o, como última opción, comprarlo de segunda mano y revenderlo después.

Moda sostenible. Cada vez existen más marcas de moda sostenible dirigida por pequeños emprendedores que ponen todo su empeño en garantizar la trazabilidad de todos sus productos. Lo bonito de la moda ética es que podemos conocer la historia que hay detrás de cada prenda, y eso aporta un gran valor. De dónde viene, cómo se ha hecho y quién la ha hecho. Se puede encontrar ropa, calzado, ropa de baño, accesorios y mucho más, y suelen hacerse artesanalmente, con materiales respetuosos con el medioambiente, textiles orgánicos o textiles reciclados que han sido descartados anteriormente. Son prendas de precio superior al que estamos acostumbrados a pagar, pero también de mayor calidad y de comercio justo, producidas de manera responsable, pues se aseguran y se respetan los derechos de los trabajadores, que reciben un trato y un sueldo justo. En realidad, no es que la moda sostenible sea cara, es que la moda rápida es demasiado barata y, normalmente, todo lo que a nosotros nos sale barato tiene un coste medioambiental y social muy alto, pero también es una realidad, que no todo el mundo puede permitírselo, ni siquiera comprando solo la ropa justa y necesaria.

Moda local. Aunque muchísimas tiendas locales traen ropa de la otra punta del planeta, también se pueden encontrar tiendas que solo comercian con ropa de calidad hecha en el propio país. Por ejemplo, en mi caso, la ropa interior la compro en mercerías, que es donde encuentro fácilmente lencería hecha en España, y, en el caso de los zapatos, también los busco que hayan sido fabricados aquí. Es una manera de apoyar y contribuir a la economía local.

Si finalmente decides comprar en tiendas de las grandes marcas, por ejemplo, porque necesitas comprar algo que no encuentras en ningún otro lugar o por accesibilidad, podemos seguir algunos puntos para que sea una compra lo más sostenible posible:

- Opta por fibras naturales, como el algodón, el lino, el cáñamo o el bambú, y si son orgánicas, muchísimo mejor. Sobre todo, evita en la medida de lo posible la ropa de fibras sintéticas, como poliéster, nailon, acrílica o microfibra.
- Evita las mezclas de tejidos, son muy difíciles de reciclar, muchas de ellas imposible.
- Compra menos y de mejor calidad. Céntrate en aquello que necesites, que te guste, que te haga sentir bien y que sea de buena calidad para que te dure más tiempo y no tengas que desecharlo enseguida. Aunque el precio sea más elevado, si es de calidad, se amortizará pronto.
- Evita comprar compulsivamente como si no hubiera mañana, pero tampoco te culpes si compras algo que te encanta.

Recuerda que la sostenibilidad de un producto, sea el que sea, se rige en gran parte por el uso que le damos. Comprar una camisa de algodón orgánico y de comercio justo que usaremos una vez y que después dejaremos olvidada en el fondo del armario eternamente tampoco es sostenible.

- Cuida, respeta y valora cada prenda que compras, sin olvidar todo el trabajo y los recursos que hay detrás. Y la mejor manera es que la uses y le permitas que cumpla la función para la que fue creada.

En nuestro caso, cuando comenzamos este camino en el 2016, mi marido y yo decidimos no comprar ropa hasta que realmente la necesitáramos y sacar el máximo partido a lo que ya teníamos. Conseguimos vivir durante dos años y medio con algo menos de cincuenta prendas y no comprar absolutamente nada, ni siquiera unos calcetines, y, aparte de todo lo que nos ahorramos, aprendimos varias cosas. La primera, que la calidad es más importante que la cantidad, la segunda, que para que algo nos dure hay que cuidarlo, y la tercera, que hay que tener un poco de ingenio para sacar el máximo provecho a la ropa que ya tienes sin sentir que necesitas más, el mayor reto de todos, porque ¿quién no ha dicho alguna vez: «No tengo nada que ponerme» aun estando frente a un armario abarrotado de ropa?

Y para conseguirlo… ¡armario cápsula!
Conocí este método gracias a Raquel, la autora del blog *Ecoin Transit*. Hasta aquel entonces nunca había escuchado

hablar de ello, y me pareció una muy buena fórmula no solo para consumir menos y más responsablemente, sino también para no dedicar tiempo a decidir qué ponernos, o para todas aquellas personas que, como yo, sean un desastre acertando en sus compras en cuanto a estilo o tipo de prenda se refiere. Para que te hagas una idea, yo siempre fui de las que todo lo que me compraba era «para salir un día», pero casi nunca salía. También la veo una herramienta ideal para niños, para no comprar más de la cuenta, y para adolescentes, para que ellos mismos vayan encontrando su estilo y desde muy jóvenes puedan aprender a combinar y a vivir la experiencia de que no necesitan ni comprar ropa cada mes ni seguir ninguna moda impuesta. Además, es una manera de hacerles ver la compra de segunda mano, si es algo que no los convence, como una oportunidad para hacer su armario cápsula ideal a la misma vez que económico.

¿En qué consiste un armario cápsula?
Consiste en seleccionar un número de prendas determinado de nuestro armario que combinen fácilmente entre sí y que usaremos durante una temporada. Normalmente se hace por estación, aunque también puede ser semestral o anual. El número de prendas dependerá de cada persona, el más usado es el de treinta y tres piezas, aunque hay quien lo hace con treinta y siete, con veintiuna o incluso con quince.

Esta selección, aparte de la ropa, incluye zapatos, bolsos, gorros, sombreros y pañuelos, pero no incluye ropa interior, de deporte, pijamas, ropa de estar por casa ni ropa especial para celebraciones.

El objetivo es no comprar ninguna prenda nueva durante esos tres meses. Si tenemos que comprar alguna pieza imprescindible o añadir una prenda de las que ya tenemos guardadas, debe salir otra.

Ventajas

- Te ayuda a encontrar tu estilo y a quedarte con un armario compuesto por las prendas que más te gustan y te definen, sin la necesidad de seguir ninguna moda.
- Con poca ropa puedes conseguir muchos modelos diferentes y ya no tendrás la sensación de no tener nada que ponerte. Por ejemplo, con quince prendas puedes hacer hasta treinta combinaciones diferentes, incluso más.
- Compras menos y de manera más consciente y evitas más fácilmente las compras compulsivas.
- Al limitarte a comprar solo lo necesario, también ahorras dinero.
- Ahorras tiempo y esfuerzo a la hora de elegir *look* cada día.
- Mantener el orden se hace mucho más fácil al tener menos ropa.
- Nos permite darnos cuenta de que podemos vivir perfectamente con mucha menos ropa de la que imaginamos sin dejar de tener un armario versátil.

¿Cómo montarlo?

- Para montar nuestro armario cápsula, primero debemos tener en cuenta nuestro estilo de vida y elegir el tipo de ropa que se adapte a él. No tiene sentido que nuestro armario cápsula esté lleno de ropa de oficina si trabajamos desde casa y tenemos un estilo de vida informal, por ejemplo.

- Empezaremos sacando toda la ropa de los armarios y la clasificaremos por categorías, es decir, todos los pantalones en un montón, las camisetas en otro, etcétera. De cada montón, iremos separando, por un lado, las prendas que ya no usamos, que han dejado de gustarnos, que no nos sientan bien o que ya no nos definen. Si están en buen estado, podemos donarlas, regalarlas o venderlas. Por otro lado, separaremos las prendas con las que queremos quedarnos pero que son de otras temporadas o que no tenemos claro qué hacer con ellas, ya decidiremos más adelante. Y, por último, las candidatas a incluir en nuestro armario cápsula de la temporada, que deben ser prendas que nos encanten y nos queden bien.

- El siguiente paso es elegir una paleta de colores a partir de la ropa que hemos seleccionado. Para componerla, podemos elegir colores neutros como colores base, como el blanco, negro, gris, azul marino, *beige*, etcétera, y combinarlos con otros colores que los complementen teniendo en cuenta la estación y los colores que más nos gusten y nos sienten bien: *denim*, rosa palo, ocre, verde caqui, etcétera. También podemos añadir algunos colores más atrevidos y estampados, que son algo más difíciles de combinar, pero que ayudarán a romper la monotonía de los colores neutros y los acentuará más.

- Una vez que tengamos todas las prendas, empieza la parte más divertida y creativa: combinarlas entre sí y descubrir todos los *looks* que podemos obtener con ellas. Puedes hacerte fotos con las diferentes combinaciones para tener siempre donde elegir. Recuerda tener en cuenta las texturas y que disponer de un buen fondo de armario con prendas atemporales es clave, porque son prendas muy versátiles que nunca pasan de moda. Diferentes tipos de camisetas básicas, jersey de punto, gabardina, chaqueta vaquera, chaqueta de cuero (o polipiel), americana, falda vaquera, vestido negro, *jeans*... Sobre todo, los pantalones vaqueros son sin duda la prenda más versátil, porque combinan con todo y puedes obtener con ellos tanto un *look* casual como un *look* más formal. En el caso de los hombres, los básicos que no pueden faltar son algunas camisas, americana, *jeans*, traje, algunas camisetas lisas, polo, cárdigan... Por último, los complementos y accesorios ayudan muchísimo a que cada *look* se vea totalmente diferente, incluso los distintos peinados.
- Si ves que te falta alguna prenda para completar tu armario, es el momento de adquirirla y olvidarte de las compras hasta el próximo cambio de armario cápsula. Recuerda que debe ser una pieza que combine con el armario que has montado y que tiene que gustarte mucho.

Personalmente, componer un armario cápsula con lo que tenía no fue precisamente fácil. Me deshice de mucha ropa que ya no me gustaba ni me sentaba bien ni me definía. Además, había pasado por muchas etapas de cambios físicos: embarazo, posparto, lactancia, subidas y bajadas de peso, etcétera, por lo que tenía ropa que ya no me iba bien. Y, además, mi armario estaba compuesto principalmente por ropa que no me resultaba cómoda para mi estilo de vida más informal, ya que mucha de la que tenía era más bien de oficina. Y ni hablar de lo poco combinables que eran estas prendas entre sí. Finalmente, me quedé con unas cincuenta prendas, incluyendo zapatos, bolsos, pañuelos y gorros, para todo el año, e hice un armario cápsula anual, donde solo añado o quito algunas prendas en cada estación, como jerséis o abrigos en invierno y pantalones cortos y camisillas en verano, por poner un ejemplo. Todo esto me ha ayudado mucho en la búsqueda de mi estilo personal y a desarrollar mi creatividad a la hora de vestir con poco, pero también a tener más claras mis compras futuras, el tipo de ropa que necesito en mi armario y el que sé que terminará olvidado en él.

5.3. BEBÉS Y NIÑOS

Una vida sostenible con hijos

> «Mami, ¿cómo vamos a recoger toda la basura de la Tierra? ¿De todo el planeta? Quizás podríamos construir una bañera muy muy grande, meter a la Tierra dentro y bañarla para quitarle todo lo sucio, toda la basura».
>
> La solución de mi hijo a los problemas del mundo, mientras investiga sobre cómo construir una bañera tan grande.

A pesar de que en el mundo de la sostenibilidad se cuestiona mucho a las familias que deciden tener hijos, por considerarse egoísta e insostenible, así como fuera de este ámbito también se cuestiona a quienes no quieren tenerlos, para mí, tener hijos seguramente ha sido la acción más sostenible que he llevado a cabo en mi vida.

Tenemos un problema de sobrepoblación que agrava exponencialmente los efectos del cambio climático, aunque no tanto por la cantidad, sino más bien por la manera como vivimos, porque la Tierra está sobrepoblada principalmente por personas que consumen demasiado y de manera inconsciente y los recursos se saquean y se derrochan sin escrúpulos ni consideración. Pero no es ningún secreto que, si hiciésemos un mejor uso de los recursos y estuvieran repartidos de forma equitativa, no nos estaríamos enfrentando a muchos de los problemas que acontecen hoy en día, y la sobrepoblación no sería el mayor de nuestros males, incluso aunque contaminemos con el simple hecho de respirar. De hecho, en un estudio publicado en la revista *Environmental Research Letters*,[29] dieron a conocer las acciones más relevantes para reducir el impacto de las emisiones en el cambio climático. Tener un hijo menos, vivir sin coche, hacer uso de energías verdes, evitar los vuelos trasatlánticos y tener una dieta basada en vegetales eran las decisiones personales más significativas en ese mismo orden. Originalmente, en el estudio también se presentó como acción de alto impacto no tener un perro, pero finalmente decidieron no incluirla. Sin embargo, el coautor del estudio, Seth Wynes, aclaró: «El problema no es tanto tener más hijos, sino tenerlos en una sociedad insostenible, donde cada persona emite demasiada polución climática». Un ejemplo de ello es que un congoleño emite al año 63 kilos de CO_2, mientras que un estadounidense emite 16,4 toneladas.

Pero, tal como decía, en mi caso, el mayor acto de sostenibilidad que he hecho ha sido ser madre, y es que, por un lado, gracias a mis hijos comencé este camino. En primer lugar, porque me preocupaba que estuvieran expuestos al plástico las veinticuatro horas del día, un miedo que me llevó a buscar alternativas y a decidir vivir de la manera más sostenible posible. Por otro lado, gracias a ellos no he perdido la esperanza ni la motivación para seguir luchando por garantizar el futuro de las generaciones venideras. Y, finalmente, una vez que fui consciente del impacto que estaban teniendo nuestras decisiones como padres, la idea de que mis hijos continuaran viviendo su vida haciendo uso y disfrute de todos los recursos de la Tierra sin ningún tipo de respeto ni agradecimiento, de que pudiesen usar y tirar a su antojo sin tener la oportunidad de reflexionar sobre el valor de las cosas, de que no sintiesen empatía hacia los demás y no pudiesen ser conscientes de que todos estamos conectados y que nuestras actitudes del día a día tienen consecuencias con las cuales habrá que lidiar en algún momento y que también afectan a la vida del resto, empezó a ser simplemente insoportable, algo con lo que no quería cargar el resto de mi vida. Todo ello me ha llevado no solo a cambiar mi modo de vida, sino también a compartir mis experiencias y motivar a otros a llevar una vida más sostenible.

Es una realidad que, nada más nacer, sin ni siquiera ser conscientes de ello, los seres humanos nos convertimos en una especie de máquina devoradora que arrasa con los recursos y genera toneladas de basura, especialmente en los países más desarrollados, y, como padres, somos responsables de la gran huella medioambiental que dejan nuestros hijos, pero, una vez que despertamos a esta realidad, no deberíamos dudar en hacer todo lo posible por cambiar el rumbo.

Los hijos no son una miniversión de los padres ni deben serlo, ellos tienen su propia personalidad y deben caminar su propio camino, pero el respeto hacia la Tierra, hacia nuestro sustento de vida, no es (o no debería ser) una cualidad característica que adquieren solo algunas personas, es un deber de todos los seres humanos, y para ello es importante educar en valores. Evidentemente, no hace falta ser padre o madre para ayudar a los demás en su camino e influir positivamente en el futuro. No se necesita tener hijos para entender nuestra responsabilidad como seres humanos y trabajar arduamente por un mundo mejor, y, además, a los padres nadie puede garantizarles que en un futuro sus hijos vayan a poner en práctica todo lo aprendido y respeten la naturaleza, pero está demostrado que es más efectivo educar desde pequeños a través del ejemplo y crecer entendiendo el respeto hacia la Tierra como algo natural que intentar reconducir a un adulto, lleno de prejuicios, manías y conceptos erróneos. No verlo sería ignorar la conexión que existe entre padres e hijos, y no tendría sentido nada de lo que hacemos.

Pero, igualmente, la responsabilidad del futuro es nuestra, independientemente de si tenemos hijos o no, y debemos ser conscientes de que estamos alimentando un mundo sin principios dirigido por personas que no sienten consideración hacia los demás, por personas que sufren, que han perdido totalmente la conexión con la naturaleza y consigo mismas y que ya no saben discernir entre lo que está bien y lo que está mal, entre lo que es justo y lo que no. Esa es la herencia que estamos dejando a las nuevas generaciones, y siento que deberíamos reflexionar sobre en manos de quién queremos dejar este mundo. Necesitamos personas y futuras generaciones con valores, que sean capaces de desarrollar el amor, el respeto y el agradecimiento, entre muchas otras cosas. Necesitamos que el futuro esté en manos de personas así, porque, si no, no habrá futuro.

Y eso les da sentido a las palabras que un guía espiritual le dijo a una señora hace muchos años y que yo escuché por casualidad: «Necesitamos familias que "salven" este mundo del caos, necesitamos familias que trabajen para crear una sociedad justa y comprometida».

¿Es la vida sostenible con hijos una misión imposible? Pues no, no creo que sea más difícil que la vida de aquel que tiene una pareja que se niega a colaborar en cualquier tema relacionado con la sostenibilidad o que comparte piso con personas a las que poco les importa el planeta, o que convive con animales que tienen necesidades que hay que cubrir. Cada uno se enfrenta a sus propios retos, que hacen que el camino no sea tan «perfecto» como nos gustaría, pero creo que todas estas aparentes dificultades no son más que mecanismos que nos ayudan a mantener un cierto equilibrio para no llevar las cosas a los extremos.

Para nosotros, tener hijos hace que muchas veces tengamos que ceder, también nos obliga a aceptar que nuestro cubo de la basura esté más lleno de lo que desearíamos, pero creo que la mayor dificultad cuando tienes hijos seguramente esté en educar a contracorriente dentro de una sociedad llena de necesidades imaginarias. Luchar contra eso puede resultar especialmente agotador, sobre todo cuando van creciendo y comienzan las comparaciones, o cuando los demás se toman la libertad de decidir qué necesitan nuestros hijos, sin respetar ni tener en cuenta los valores que quieren inculcar los padres. Lo esencial, como siempre, es que, teniendo en cuenta las circunstancias de cada uno, aprovechemos cada situación como una oportunidad de aprendizaje más que como una excusa para no hacer nada y que nos centremos en nuestro propio cambio para que sirva de ejemplo, aunque a veces se nos pueda ir un poco de las manos.

EL EJEMPLO ES **CLAVE.**
NO OLVIDES QUE EL MUNDO TE OBSERVA

Alimentación e higiene

Si ya estamos en el camino cuando acaban de nacer o comenzamos el cambio cuando todavía son muy pequeños, las cosas pueden ser relativamente fáciles a la hora de reducir envases en la alimentación y en los productos de higiene, porque aprenderán y crecerán con lo que les ofrezcamos, pero, si empezamos a hacer cambios con nuestros hijos ya más mayores o en plena adolescencia, tendremos que lidiar con costumbres arraigadas y habrá que tirar de amor y paciencia.

Cuando nosotros comenzamos a reducir, nuestra hija pequeña tan solo tenía seis meses. Todavía no había empezado con la alimentación complementaria, por lo que fácilmente se fue adaptando a lo que le fuimos dando. Nuestro hijo mayor, en cambio, tenía cuatro años y aquí había que trabajar más, sobre todo porque, cuando tenía esa edad, estaba acostumbrado a seguir rutinas y los cambios los llevaba fatal.

Dentro de la alimentación, lo más sostenible, tanto a nivel medioambiental como económico y social, es sin duda la lactancia materna. Es gratis, no genera ningún tipo de residuo y es una de las mejores inversiones en salud que se puede hacer a los hijos y a las madres, tanto física como emocionalmente. De hecho, la lactancia materna está reconocida como un elemento clave para el desarrollo sostenible, que contribuye no solo a la salud y a la reducción de la pobreza, sino también al medioambiente y a la lucha contra el cambio climático, entre muchos otros.

La leche de fórmula, por el contrario, además de tener consecuencias para la salud, es insostenible en todo su ciclo de vida. Cada kilo de leche de fórmula tiene una huella hídrica de cuatro mil setecientos litros de agua,[30] además de todos los recursos necesarios para la fabricación, embalaje, distribución y gestión de desechos *a posteriori*. Económicamente también es insostenible para el consumidor, aunque es un negocio redondo para la industria de la alimentación infantil.

Personalmente, pude dar el pecho a mis dos hijos más de dos años, y es algo que recomiendo siempre, aunque en ocasiones no sea un camino fácil.

Más allá de todos los beneficios que tiene, el apoyo del entorno es clave, y no todas las mujeres tienen circunstancias favorables que les permitan dar el pecho y otras no tienen el deseo de hacerlo.

Para evitar generar residuos cuando comienzan la alimentación complementaria, la clave está en cocinar más y evitar la comida preparada dentro de nuestras posibilidades. Hay que tener en cuenta que todo lo que sea dedicar tiempo en una buena alimentación, es también una inversión en salud y un mayor ahorro económico. Aunque hay que reconocer que no todo es tan bonito ni tan fácil siempre. Para nosotros, y supongo que para muchos padres, la mayor dificultad está en que queremos tener siempre a mano algo que esté hecho, en que esté bueno y que sacie para esos momentos en que no tenemos mucho tiempo, y terminamos recurriendo a lo rápido, que es comprar cualquier cosa ya preparada, pero, como ya hemos ido viendo a lo largo del libro, podemos buscar maneras de gestionar mejor nuestro tiempo, comprar a granel todo lo que podamos y hacer uso de recetas muy sencillas que nos lleve poco tiempo hacerlas.

En el caso especialmente de los bebés, aconsejo no utilizar plástico para cosas que se llevan a la boca o que estén en contacto con los alimentos, por muy «seguro» que nos lo vendan: biberones, chupetes, platos, cubiertos… Mis hijos han utilizado los mismos cubiertos, vasos y platos que el resto de la familia, nunca tuvieron platos de plástico con dibujitos para que comieran más ni vasos de aprendizaje para darles autonomía ni cucharas ergonómicas para sus primeras papillas ni los miles de utensilios que nos venden hoy en día. Sé que a muchas personas les resultan útiles este tipo de cosas, pero yo lo único que veo detrás es una campaña monumental de *marketing* que crea «necesidades innecesarias» que hay que desechar en poco tiempo y que, en muchas ocasiones, ni se llegan a usar porque al niño no le gustan. Al fin y al cabo, en la historia de la humanidad, jamás se usó plástico para alimentar a los bebés, y aquí continúa nuestra especie.

Si prefieres usar un material que no se rompa con facilidad o que no sea tan duro o frío como el acero, existen vajillas, vasos y cubiertos de madera o bambú.

Volviendo al tema de la alimentación, con mi hijo mayor fue diferente. Ya tenía sus costumbres y aquellas cosas que le encantaban, pero tenía que buscar la manera de sustituir todo lo que comía envasado por comida casera. Nada fácil, porque tiene un paladar y un olfato que ya quisieran muchos catadores de alimentos.

Así que apliqué algunos trucos:

1. Dejé de comprar directamente aquello que no quería que consumiera más: todo tipo de postres lácteos excepto yogur, comidas preparadas como *pizzas* o lasañas, bollería industrial, pescado o pollo congelado, etcétera. Como todo esto ya no estaba en nuestra casa, como ya no tenía estas opciones, no le quedaba más remedio que comer lo que había.

2. Comencé a sustituir la versión envasada y procesada por la versión casera hecha con productos comprados a granel, sin decirle nada, haciéndole creer que era lo mismo. Suena un poco cruel, pero en el noventa por ciento de los casos conseguí engañarlo o por lo menos que aceptara. Carne o pescado fresco del mercado, *pizzas*, salsas y postres caseros… Lo curioso es que, aunque al principio le costó, su paladar se fue acostumbrando a sabores más reales y ahora, cuando ha comido algún procesado en algún lugar, muchas veces no se lo ha podido terminar de comer por notarle que tiene un exceso de azúcar o sabores demasiado artificiales.

3. Predicar con el ejemplo. Nuestra alimentación también dejaba mucho que desear, y esto lo notábamos en su alimentación. Pero, sobre todo, cuando yo comencé a comer menos carne y más verduras, frutas, legumbres y demás, mi hijo por primera vez comenzó a probar cosas nuevas, que antes era impensable.

Todos estos trucos fueron realmente efectivos, pero tampoco conseguimos reducirlo o sustituirlo todo. Aunque la mayoría de las cosas ya las hacemos caseras o las compramos a granel, todavía sigue habiendo algunos alimentos que compramos envasados en plástico. Por ejemplo, a pesar de que venden yogures en vidrio o que podría prepararlos en casa, solo le gustan unos en concreto y, después de probar mil fórmulas, desistí. ¿Son imprescindibles? Pues no, pero tampoco quisimos quitárselos porque ya le habíamos restringido muchas cosas que le gustaban y que él también había aceptado. Mi hija, además, va aportando su granito de arena al cubo de la basura copiando algunas de «las costumbres alimenticias» de su hermano. Pero finalmente valoramos no solo todo lo que hemos conseguido hasta ahora entre todos, sino también que todavía existe la posibilidad de seguir mejorando a través de nuestro propio ejemplo.

Las dificultades con las que puedes encontrarte siempre van a variar mucho según la edad del niño, de las costumbres que ya tenga en la alimentación, del tipo de alimentos a los que tenga acceso en casa y también de si la pareja apoya y colabora en temas de sostenibilidad o no, porque los niños copian, y tienen una especial habilidad para copiar más las malas costumbres que las buenas.

Al final, somos nosotros como padres los que tenemos la responsabilidad de decidir sobre el tipo de alimentación que deben seguir nuestros hijos y saber hasta dónde podemos y debemos hacer cambios y en qué momentos tenemos que ceder.

En cuanto a higiene, siempre hemos sido muy sencillos, incluso con mi hijo mayor, por lo que los cambios no fueron grandes. Hice lo mismo que con la alimentación: directamente dejé de comprar lo que compraba antes y lo sustituí por alternativas más sostenibles. Como el cepillo de dientes, que lo cambié por el de bambú, los jabones líquidos por jabones sólidos o la esponja sintética y las toallitas húmedas desechables por toallitas de algodón reutilizables. A mi hijo le extrañó al principio, pero esa era la única opción que existía dentro de casa, por lo que no puso objeción y terminó acostumbrándose rápido.

Pero, de todos los cambios que he hecho en estos años, el que más me costó con diferencia fue el cambio de pañales desechables a pañales de tela reutilizables. Tenía muchos prejuicios y me hacía la idea de que era algo que había que lavar siempre a mano y cuidarlos de una manera muy determinada, acciones que requerían demasiado tiempo. Además, mi marido no estaba nada de acuerdo, ya estábamos haciendo demasiados cambios y tener pañales reutilizables nos iba a consumir un tiempo que por aquel entonces no teníamos.

Creo que mi mayor problema fue haber leído demasiado sobre pañales de tela. A veces, consumir demasiada información y disponer de tantas opciones, en lugar de ayudarnos a tener las ideas más claras, lo que hace es confundirnos más, pero, al final, entre tantas opciones y sin tener ni idea de cómo iba a ser, decidí comprarlos «a escondidas» (mejor no copies esta parte), porque me sentía fatal utilizando desechables y no me parecía coherente no dar un paso tan importante, teniendo en cuenta que un bebé, en sus primeros dos años y medio, gasta más de cinco mil quinientos pañales desechables, que permanecen en los vertederos más de cuatrocientos cincuenta años y, junto con ellos, todos los recursos empleados.

Pero, finalmente, resultó ser muchísimo más sencillo de lo que podía imaginar. Siempre lavé los pañales en la lavadora, nunca los puse a remojo ni los lavé a mano, y nunca puse una lavadora exclusiva para pañales, sino siempre con el resto de la ropa. Tampoco usé secadora ni ningún jabón especial para pañales, aunque inicialmente usé jabón líquido de nueces de lavado, que se suele usar para lavar pañales, pero con el tiempo lo reemplacé por el mismo jabón líquido de Marsella que compro a granel y con el que lavo el resto de la ropa. En definitiva, terminé no solo ahorrando basura al planeta, sino también tiempo, esfuerzo y dinero, porque, aunque los pañales de tela requieren una inversión inicial, una vez que la recuperas, el ahorro es abismal.

Puedes comprarlos nuevos, de bambú o de algodón orgánico, por ejemplo, pero también puedes comprarlos de segunda mano. Es una manera de ahorrar y, a la vez, de poder probar varias marcas o varios tipos de pañales para saber cuál se adapta mejor al bebé. Una vez que tu bebé deje el pañal, puedes guardarlos para el próximo, si tienes pensado tener más, o también regalarlos o venderlos para que puedan seguir siendo usados, ya que duran bastantes años.

En temas de higiene, tampoco logramos reducir todos los desechables, porque a mi hija le irritaba mucho su propia humedad y su piel no soportaba los pañales de tela durante toda la noche, por lo que no tuvimos otra opción que usar desechables por las noches.

Pero, a pesar de todo, decidí quedarme con la satisfacción de que cada día evitábamos que seis pañales acabaran en el vertedero en lugar de concentrarme en el que no podía evitar y continué buscando otras maneras de evitar desechables, como estas alternativas para bebés que me han ayudado tanto dentro como fuera de casa.

KIT BEBÉ FUERA Y DENTRO DE CASA

¡LA TETA! 100% ZERO WASTE

CHUPETE DE CAUCHO O SILICONA

BIBERÓN DE ACERO O VIDRIO

PAÑALES DE TELA

BOLSA IMPERMEABLE PARA PAÑALES Y TOALLITAS SUCIAS

TOALLITAS HÚMEDAS

BOTELLA DE VIDRIO CON REVESTIMIENTO DE SILICONA

CAMBIADOR PORTÁTIL REUTILIZABLE

TOALLITAS REUTILIZABLES DE ALGODÓN O BAMBÚ O RECORTES DE TOALLAS VIEJAS

BOTE HERMÉTICO CON AGUA PARA HUMEDECER LAS TOALLITAS

OTRA OPCIÓN: TOALLITAS REUTILIZABLES YA HUMEDECIDAS ANTES DE SALIR DE CASA Y GUARDADAS EN UNA FIAMBRERA O ANTIGUA CAJA DE TOALLITAS

CEPILLO DE DIENTES DE BAMBÚ PARA NIÑOS

JABÓN SÓLIDO DE MARSELLA, CALÉNDULA O ALOE VERA

DESPUÉS SIRVEN COMO DISCOS DESMAQUILLANTES

¡Y PARA LA MAMÁ! DISCOS REUTILIZABLES PARA LA LACTANCIA (DE ALGODÓN)

PAÑUELOS O RECORTES DE ROPA VIEJA PARA RESFRIADOS O BABAS

A excepción de biberones y chupetes, que mis hijos nunca usaron, el resto de las cosas son las que hemos utilizado nosotros y todas nos fueron genial y nos resultaron opciones muy cómodas.

En el caso de los biberones, si los necesitas, los de acero y vidrio son una gran alternativa a los de plástico, sobre todo porque muchos de ellos son evolutivos, es decir, se van adaptando a la evolución del niño y puedes ir cambiando el tipo de boquilla o cambiar a tapa de rosca para convertirlo en una botella que te puede durar toda la vida.

Hay muchísimas más cosas para bebés y niños, pero, como siempre, la clave está en simplificar y aprender a diferenciar entre lo que realmente necesita un niño y lo que «nos hacen creer» que necesita.

El cole

Cuando los niños van al colegio, hay muchas cosas que dependen del propio centro y que normalmente no son fáciles de cambiar, pero hay otras muchas que podemos elegir, como llevar sus propios reutilizables para el desayuno o para las excursiones.

Por suerte, cada vez son más los colegios que se suman a la iniciativa de no usar desechables a la hora del desayuno e instan a las familias a usar reutilizables para transportar los alimentos y evitar el papel de aluminio, el film plástico, los zumos envasados, etcétera. Si es algo que aún no está implantado en el colegio de tus hijos, siempre puedes realizar una propuesta explicando por qué sería importante y beneficioso realizar un cambio en esta dirección y presentar alternativas viables, como, por ejemplo, de qué manera pueden llevar los niños el desayuno sin usar desechables.

KIT COLE Y EXCURSIONES

PORTABOCADILLO IMPERMEABLE

PORTA SNACK IMPERMEABLE

BOTELLA DE ACERO

TAZA DE ACERO O BAMBÚ

TELA ENCERADA

FIAMBRERA DE MADERA, ACERO O BAMBÚ

CUBIERTOS Y SERVILLETA DE TELA

Hay muchas opciones y, además, a los niños les encanta.

Para el día a día, un vaso reutilizable o una botella de agua de acero, una fiambrera para llevar el desayuno y una servilleta de tela es suficiente. Después hay otras opciones como los portabocadillos y demás. Para nosotros, la fiambrera es la opción más versátil y cómoda que hemos encontrado para llevar todo tipo de alimentos. Estas mismas cosas son las que utilizamos nosotros también para el trabajo, para ir de pícnic o excursión.

Como en los colegios no se suele permitir vidrio y, además, el peso es mucho mayor, podemos optar por el acero, que es una muy buena opción que dura toda la vida. Pero si, por ejemplo, ya tienes fiambreras o vasos de plástico reutilizables, mejor darles uso hasta que acabe su vida útil, siempre y cuando no introduzcas en ellos alimentos calientes.

Para el material escolar, dependerá mucho del colegio, porque a veces es el propio centro el que se encarga de comprar todo el material.

Pero, si nos toca comprarlo a nosotros, podemos intentar buscar materiales lo más sostenibles posible y, sobre todo, evitar el plástico, ya que la mayoría del material escolar está hecho con PVC, uno de los plásticos más tóxicos que existen y con los cuales es mejor no tener contacto si tenemos la posibilidad.

- Libretas y folios con certificado FSC, que garantiza que el papel proviene de bosques sostenibles, si es de papel reciclado, muchísimo mejor.
- Lápices de mina recargable o de madera certificada, bolígrafos de papel reciclado, bolígrafos hechos a partir de tetrabriks, de almidón, de cartón, de madera... También existen las plumas rellenables, aunque es una opción más bien para adultos.

- Lápices marcadores fluorescentes en lugar de rotuladores.
- Sacapuntas y reglas de madera o acero, gomas de caucho sin PVC…
- En el caso de que obliguen a forrar los libros, se puede hacer con telas, cartulinas o, si es necesario que sea transparente, usar forros para libros ajustables de plástico donde se introducen las solapas del libro, de esta manera podremos reutilizarlas mucho tiempo.

El inconveniente que tiene este tipo de materiales es que suele ser más caro y no todo el mundo puede permitírselo, pero existe una opción más sostenible y más económica, y es comprar todo el material que se pueda de segunda mano. Hay muchas aplicaciones a través del móvil para la compraventa de segunda mano y muchos estudiantes venden todo aquello que ya no usan, incluso cosas totalmente nuevas. Es una buena manera de ahorrar y de dar una segunda vida a lo que otros ya no necesitan, y es algo que también podemos hacer nosotros con todo el material escolar que tengamos y que ya no vayamos a usar más.

Ropa, juguetes, regalos, fiestas y otras cosas

A estas alturas, poco hay que decir sobre lo importante que es que los niños crezcan con lo esencial y que demos prioridad al amor, al cariño y al tiempo de dedicación más que a cualquier otra cosa. Junto con el ejemplo, es la mejor manera de que, cuando sean adultos, su vida no gire en torno a las cosas materiales como si fueran lo más importante.

Aun así, las necesidades de los niños no se pueden comparar con las de los adultos, ellos crecen muy rápido e, inevitablemente, hay accesorios que continuamente hay que renovar y necesidades que cubrir: ropa, cochecitos, bañeras, cunas...

Para todo esto, nuestros mejores aliados pueden ser otras familias amigas, con hijos más mayores, que nos presten, regalen o vendan aquello que ya no utilizan o la compra de segunda mano.

Mis hijos, desde recién nacidos, han heredado muchas cosas que hay que sustituir demasiado pronto, como la ropa, la minicuna, la bañerita, el cochecito, juguetes... Son artículos que apenas usan unos meses y, aunque a los padres siempre nos hace especial ilusión que todo sea nuevo, sobre todo con el primer hijo, no deja de ser un desperdicio evitable.

Todo lo que no heredan, lo compramos de segunda mano, principalmente la ropa y los juguetes. Lo que siempre compramos nuevo es la ropa interior y el calzado, a no ser que, buscando de segunda mano encontremos que lo vendan sin uso. Además, intentamos no acumular nada, cuidamos lo que tenemos y, a medida que van dejando de usar las cosas, rápidamente las regalamos a otras personas que las necesitan o las vendemos.

Respecto a la compra de segunda mano, todavía existen muchos prejuicios. Yo misma los tenía, soy muy escrupulosa y la idea de ponerme o usar algo de otra persona sin conocerla me daba cosa, ya ves, como si la ropa nueva no tuviera historias detrás como para no dormir. Pero la verdad es que, cuando decidí dejar mis prejuicios a un lado y probar la experiencia, me pareció tan práctica y sostenible que en todos estos años ha sido siempre nuestra primera opción para todo. Se lava a conciencia y listo. Además, de segunda mano se encuentran muchísimas cosas totalmente nuevas, incluso con etiqueta. Aun así, no está muy bien visto, sobre todo por la familia. Recuerdo que, aunque mi madre a día de hoy ya lo ve genial, casi le da algo cuando en su día le conté que había comenzado a comprar las cosas de segunda mano.

Por otro lado, el tema de los juguetes no nos ha supuesto un gran cambio, porque, desde antes de tener hijos, ya teníamos bastante claro la importancia de que no tuvieran demasiados. Pero lo que sí que hemos hecho ha sido cambiar el tipo de regalos. En lugar de regalar solo juguetes o ropa, nos hemos centrado más en regalarles experiencias, esas que cuando te haces mayor nunca olvidas (ver imagen de la página siguiente).

Hay miles de experiencias bonitas y cosas útiles que podemos regalarles. Además, muchas de las ideas que ya vimos en el apartado de regalos también son válidas para los niños. Y, por supuesto, también las maneras de envolver, adaptando la decoración del paquete para ellos.

Por nuestra parte, siempre han recibido un juguete o juego de segunda mano y una experiencia el día de su cumpleaños, y el día de Reyes Magos igual. El resto del año no les compramos nada. Además, en épocas navideñas, tenemos como norma que, para que los Reyes Magos puedan traer

REGALOS Y EXPERIENCIAS PARA NIÑOS Y NIÑAS

un regalo, hay que donar uno o varios juguetes de los que ya tengan para otro niño. De esta manera no acumulamos más juguetes de los que necesitan.

Algo que a menudo piensa la gente es que en mi casa no hay juguetes de plástico, pero sí que los hay. A mis hijos siempre les ha encantado el Lego, por ejemplo. Nosotros, al final, lo que queremos es que lo poco que tengan sean cosas con las que les guste jugar y disfrutar, por lo que no tenemos problemas en comprar algunos juguetes de segunda mano de plástico. Es una manera también de retrasar su llegada al vertedero. Además, hoy en día, como los niños reciben tantos regalos, los juguetes que encuentras de segunda mano están hasta precintados o usados tan solo una vez.

Si se da el caso de que hay algo que les encanta y que no encontramos de segunda mano, tampoco nos negamos a comprarlo nuevo teniendo en cuenta que, durante el año, no reciben nada más. Aunque ahí sí que intentamos evitar el plástico lo máximo posible.

Por otro lado, Papá Noel siempre les regala una experiencia y el *Tió de Nadal*, que es una tradición navideña que se celebra sobre todo en Cataluña y que consiste en un tronco al que hay que darle palos para que «cague» regalos (tal cual y sin piedad), en mi casa solo caga chocolate y polvorones caseros, nada de juguetes. Y el ratoncito Pérez, una moneda por diente caído, como ha hecho toda la vida, aunque ahora vaya regalando por ahí billetes de los grandes y patinetes.

Si la idea de comprar juguetes de segunda mano no te motiva, hay muchos tipos de juguetes educativos hechos con materiales sostenibles, y cada vez son más comunes. Aunque yo te animo igualmente a buscarlos de segunda mano, pues puedes encontrar cosas totalmente nuevas.

A veces los niños caen en la trampa de compararse con otros, y pasa mucho cuando hablan de todos los regalos que les han hecho. Cuando mi hijo me preguntó por qué los Reyes Magos a veces regalan más a otros niños, le dije: «Seguramente los Reyes han visto que esos niños necesitaban más, las necesidades de cada uno son diferentes, pero nosotros no necesitamos más, ya tenemos suficiente, ¿verdad?». No sé si algún día volverá a preguntarme, pero le encontró mucha lógica a mi respuesta y se quedó muy convencido. Supongo que porque ya llevaba usando mucho tiempo la frase «no lo necesitamos» para todo. Hace algunos años, leí la historia de una familia estadounidense que gastaba mucho dinero en ropa, juguetes y electrónica para sus hijos y decidieron no comprar nada durante un año. Cada vez que sus hijos les pedían algo, ellos decían: «No lo necesitamos», en lugar de decir: «No tengo dinero». Y me pareció una frase tan mágica que la copié enseguida porque, cuando la respuesta a cada petición es «no tengo dinero», creces pensando que la única manera de tener aquello que quieres es teniendo dinero. Yo crecí con esa frase, porque, además, era real, pero terminas creciendo con el sentimiento de que el dinero es lo más importante para alcanzar todo lo que deseas en lugar de crecer libre sintiendo que solo necesitas lo esencial. Es un sentido totalmente diferente.

Por otro lado, a mi hijo al principio le costó bastante entender que las experiencias también eran regalos. Para él, un regalo siempre ha sido un juguete que va envuelto en un papel que se rompe. Pero, además de explicárselo, hemos ido combinando experiencia y juguete o juego para que poco a poco vaya entendiendo que las experiencias también son regalos. La ventaja que tiene mi hija es que ha ido creciendo con todos estos conceptos como algo natural.

Durante el resto del año, fabricamos juguetes nosotros mismos. Por ejemplo, reutilizamos mucho las cajas de cartón que llegan a casa, o que hemos encontrado, para hacer puzles, juegos de mesa o juegos inventados. También reutilizamos otras cosas que tengamos por casa o que encontremos en la naturaleza para hacer manualidades, juegos o actividades. Incluso alguna vez he imprimido fotos de ellos (mal menor) y hemos hecho cuentos con ellos como protagonistas y otros personajes dibujados y pintados.

Para organizar los cumpleaños de los peques sin generar basura, nos sirven muchas de las ideas que vimos en «Celebraciones», pero también hay otras muchas cosas más que podemos llevar a cabo para conseguir una fiesta más sostenible sin dejar de disfrutar (ver imagen de la página siguiente).

Los globos son algo que a los niños siempre les encantan, pero, desgraciadamente, aparte de que son directamente basura porque no se reciclan, muchos de ellos acaban en el mar y causan muchísimo daño a los animales, incluidas las aves. Es complicado, mis hijos siempre están esperando el día de su cumpleaños para inflar globos, pero también existen otras opciones de papel que se pueden decorar y pintar al gusto de ellos para obtener una decoración muy divertida. En Pinterest hay miles de ideas.

Dentro de la piñata puedes poner, en pequeñas bolsas de papel, algunas frutas deshidratadas, chocolates o galleti-

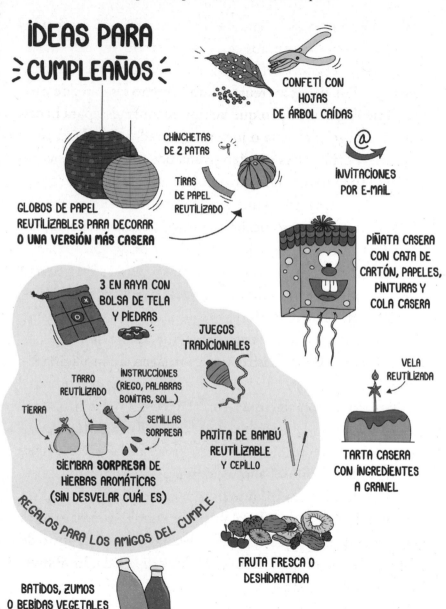

¡IDEAS PARA CUMPLEAÑOS

CONFETI CON HOJAS DE ÁRBOL CAÍDAS

CHINCHETAS DE 2 PATAS

TIRAS DE PAPEL REUTILIZADO

INVITACIONES POR E-MAIL

GLOBOS DE PAPEL REUTILIZABLES PARA DECORAR O UNA VERSIÓN MÁS CASERA

PIÑATA CASERA CON CAJA DE CARTÓN, PAPELES, PINTURAS Y COLA CASERA

3 EN RAYA CON BOLSA DE TELA Y PIEDRAS

JUEGOS TRADICIONALES

TARRO REUTILIZADO

INSTRUCCIONES (RIEGO, PALABRAS BONITAS, SOL...)

TIERRA

SEMILLAS SORPRESA

SIEMBRA SORPRESA DE HIERBAS AROMÁTICAS (SIN DESVELAR CUÁL ES)

PAJITA DE BAMBÚ REUTILIZABLE Y CEPILLO

VELA REUTILIZADA

TARTA CASERA CON INGREDIENTES A GRANEL

REGALOS PARA LOS AMIGOS DEL CUMPLE

FRUTA FRESCA O DESHIDRATADA

BATIDOS, ZUMOS O BEBIDAS VEGETALES CASERAS

tas caseras. También confeti hecho con hojas de árbol que después puedes volver a dejar en la tierra. En lugar de meter pequeños juguetitos de plástico, puedes incluir un pergamino con las instrucciones de un juego conjunto para padres e hijos, eso será sin duda muchísimo más divertido que cualquier otra cosa.

Para todo lo demás, la clave está en dedicarle algo más de tiempo que de costumbre. Optar por preparar la comida casera con ingredientes que puedas comprar a granel, preparar comida que no necesite cubiertos ni platos, como sándwiches, *pizzas* caseras, empanadas, etcétera, o picapica mucho más sencillo, como dados de frutas, quesos, *crackers* caseras, hummus… Y con las bebidas igual, aunque también se pueden comprar en envase de vidrio.

Lo más importante es montar una celebración sencilla y sin excesos, acorde a nuestros valores; evita las comparaciones y, sobre todo, procura que el cumpleañero o cumpleañera disfrute de su día rodeado de la gente que quiere.

Podría decir que, como familia, en este tiempo hemos conseguido un buen equilibrio y control de todo lo que entra en nuestra casa, y teniendo hijos no siempre es fácil.

Pero es en ese momento, justamente en el momento en que respiras y sientes que por fin lo tienes todo bajo control, que aparece nuestra querida familia, la misma a la que le hemos pedido que no les haga regalos a nuestros hijos, con un cargamento de regalos, y te tiran todo tu trabajo y esmero por el barranco (menos mal que mi madre no hace estas cosas).

CUANDO LE PIDES A TU MADRE QUE <u>NO</u> TRAIGA REGALOS

Los regalos de la familia es un tema muy complicado y frustrante porque, aunque se lo digas, no siempre respetan las decisiones o deseos de los padres. En nuestro caso, tenemos a nuestra familia muy lejos, por lo que no nos encontramos con este tipo de problemas a menudo, pero, aun así, también lo hemos vivido y he tenido discusiones con mi familia por este tema.

Recuerdo que, cuando mi hijo tenía tres años y comencé a sacar todos los zapatos que ya no le servían, reuní ¡cincuenta pares de zapatos! De todos esos zapatos no había ni un par que hubiésemos comprado nosotros, todos eran regalos, algunos eran heredados de otros niños, pero muchísimos eran zapatos nuevos con etiqueta que nunca llegó ni a ponerse. Sentí tanta rabia e impotencia... ¿Cómo un niño de tres años puede tener cincuenta pares de zapatos mientras hay tantos niños en el mundo que van descalzos? Pero, a pesar de que durante esos tres años insistí en que no regalaran más zapatos nuevos a mi hijo, no servía de nada.

Por aquel entonces saqué mi vena radical y dije que, si volvían a regalarle algo a mi hijo, automáticamente ese regalo lo vendía, lo regalaba o iba directo a la basura, independientemente de lo que fuera. Era una posición extrema, pero en aquel momento no se me ocurrió nada mejor, porque mi hijo ya estaba relacionando a las personas con los regalos, y era algo que no soportaba. Sentía que estaban tirando a la basura todo el esfuerzo que poníamos en su educación respecto a las cosas materiales.

Con el tiempo hemos ido encontrando un buen equilibrio. Hemos ido explicando con paciencia (casi siempre) por qué es tan importante para nosotros dejar de acumular cosas innecesarias que no aportan nada a nuestros hijos, pero, sobre todo, les hemos hecho entender que no tienen ningún tipo de compromiso ni con nosotros ni con ellos. Ellos no esperan absolutamente nada de las personas que vienen a casa, solo alegría y compañía, y eso es lo que queremos mantener por encima de todo.

Nuestro entorno lo ha ido entendiendo y para nosotros ya no es un tema de preocupación. Si nuestros amigos o familia quieren hacerles un regalo de manera espontánea y con ilusión, nos parece genial porque sabemos que no hay un compromiso detrás, simplemente lo hacen porque quieren. Además, ya no es un continuo, es algo que se da de mucho en mucho tiempo, y ya nos aseguramos de que lo disfruten al máximo.

A nuestros familiares más cercanos, cuando quieren hacerles un regalo sí o sí por alguna fecha señalada, les pedimos que les regalen un cuento o que los lleven al cine u otra actividad que les guste. Sobre todo, intentamos que no les regalen cosas inútiles con las que no van a jugar.

La mejor manera de gestionar esta parte, cuando la familia insiste en hacer regalos, es dar ideas y sugerencias de regalos útiles, que les gusten y que necesiten, para que no termine regalándoles cualquier cosa que no les va a aportar nada y que pronto se convertirá en basura. Pero también debemos tener claro que habrá que tirar de mucha paciencia y amor, no olvidemos que vamos a contracorriente y que estamos luchando contra costumbres muy arraigadas en la sociedad. Finalmente, los regalos que reciban aprovéchalos al máximo para que todos los recursos empleados no sean una inversión en vano.

6.
Por aquí pasamos todos

**Cuando la pareja, la familia y el entorno
no colaboran**

El día que la venda se cayó de mis ojos y tomé conciencia
sobre la importancia de actuar sin perder tiempo, comencé
rápidamente a cambiar mis hábitos. Había abierto los ojos
ante una realidad incuestionable y, a pesar de que hasta aquel
entonces lo había ignorado por completo, de repente todo
era tan evidente que me parecía increíble cómo la mayoría
de las personas vivimos nuestra vida sin ver esta realidad que
tenemos delante.

Pero verlo todo tan claro y querer hacer todos los cambios rápidamente ante la urgencia del problema me llevó a
caer en una de las novatadas más típicas: radicalizar y querer
que todo el mundo me siguiera sin cuestionamientos. De
repente, mis cambios de hábitos, inevitablemente, exigían
también cambios a mi marido, a mis hijos y a todo aquel
que entrara en mi casa, y por un momento se me fue de las
manos. Pero tuve la suerte de poder reflexionar a tiempo y de

controlar mi carácter impulsivo, dominado por la impaciencia, de querer cambiar el mundo de la noche a la mañana. Fue en aquel momento cuando me di cuenta de lo importante que era trabajar también mi interior en este camino, teniendo presente que no solo mi casa y mi entorno debían estar libres de basura, sino también mi corazón y que debía mantenerlo limpio y libre de juicio hacia los demás.

Todo ello me llevó a poner en práctica varios puntos que son, sin duda, los que me han ayudado no solo a aceptar el ritmo de cada persona, sino también a vivir la experiencia de cómo mi entorno se sumaba al cambio sin esperarlo.

1. Por qué y para qué hago lo que hago

En cada uno de los proyectos que he llevado a cabo en mi vida, siempre me he cuestionado por qué y para qué hago lo que hago. Siento que es fundamental tener claro no solo el camino que escoges, sino por qué lo escoges, qué quieres conseguir con ello y hasta dónde quieres llegar. A todos nos llaman la atención aquellas personas que tienen firmes convicciones y tienen claro el motivo de cada paso que dan, y es esto mismo lo que ha hecho que mi entorno no solo respete mi manera de vivir, sino también que muestre interés.

2. No juzgar

Cuando abrimos los ojos ante un problema, no solo tendemos a radicalizar, sino también a juzgar a todo aquel que no hace lo mismo que nosotros. De repente nos olvidamos de cómo éramos nosotros antes del cambio y actuamos como si lleváramos toda la vida haciendo las cosas bien y como si nunca hubiésemos dado la espalda a muchos de los problemas que acontecen hoy en día y que nos conciernen a todos.

El juicio lo único que nos aporta es frustración y desmotivación, y nos hace entrar en una rueda peligrosa de la que es muy difícil salir. Y, cuando enjuiciamos a los demás, lo único que obtenemos, a cambio, es rechazo.

A mí, personalmente, se me hace difícil no juzgar en muchas ocasiones, me dan ganas de coger a algunas personas y sacudirlas mientras les grito: «¡¿Pero no ves lo que le estamos haciendo a la Tierra?!», pero entonces intento tener presente cómo era yo antes del cambio, porque yo también tardé mucho tiempo en darme cuenta del problema medioambiental al que nos enfrentamos.

Yo no lo hago todo, no tengo esa capacidad. Hay muchísimos cambios que debería realizar en mi vida que son extremadamente importantes en la lucha por un mundo más justo, pero son cambios que, por el motivo que sea, aún no soy capaz de hacer, y es ahí cuando reflexiono sobre mis propias limitaciones antes de juzgar el camino de los demás o de querer imponer mis pensamientos y mi manera de vivir.

3. No quejarme

Es fácil caer en la queja cuando el entorno no colabora o cuando nuestra pareja o familia, en lugar de apoyarnos, parece que nos lo complica todo más. Seguro que no soy la única que ha visto cómo los envoltorios de plástico se reproducen en los bolsillos del pantalón de su marido.

Pero la queja es otro de esos sentimientos que no nos deja avanzar, y te lo dice una experta. En mi caso, por ejemplo, si en los inicios me hubiese centrado en quejarme, pensando que era la única que hacía esfuerzos dentro de mi familia y que los demás no colaboraban en nada, probablemente no habría llegado hasta aquí y me habría perdido muchas experiencias maravillosas que he vivido y que nos han cambiado la vida.

Lo mejor es no preocuparnos tanto por lo que otros no hacen y concentrar esfuerzos en aquello que nosotros sí podemos hacer. Si, por ejemplo, tu pareja no quiere hacer ningún cambio, no pasa nada, haz lo posible por realizar cambios en tus propios hábitos. Cambia tu cepillo de dientes convencional por uno de madera, utiliza bolsas de tela cada vez que vayas a la compra, usa champú en pastilla…, hay muchísimos cambios que podemos realizar individualmente sin la necesidad de que el resto de la familia tenga que colaborar o adaptarse.

4. Dar ejemplo

Una de las formas de activismo más eficaces que conozco es, sin duda, dar ejemplo. No creo que exista forma más eficiente de cambiar el mundo que empezando por el nuestro propio. Concentrarme en mis propios cambios, respetar el ritmo de cada uno, sin juzgar y sin esperar nada por cada paso que he dado, me ha permitido vivir la experiencia de ver cómo los demás se han ido sumando sin tener que convencerlos de nada.

Yo no soy una persona que va por la calle explicando lo que hago y por qué lo hago si no me preguntan. Cuando me ven comprando con mis fiambreras o bolsas de tela y la gente me pregunta, evito los rollos y simplemente contesto que es una manera de mantener mi cubo de basura vacío, porque el mundo ya va sobrado, y además es muy cómodo comprar así. Al final, las personas que sienten verdadero interés alargan la conversación y hacen más preguntas. Lo mismo con familiares o amigos, siempre aprovecho para explicar las cosas de manera simple, pero, si veo que no hay interés, no continúo invirtiendo tiempo y esfuerzo en explicar algo para lo que todavía no están receptivos. En cuanto a mis hijos, poco les explico más allá de lo que me escuchan hablar con mi marido u otras personas. Para ellos, lo que hacemos es algo totalmente natural y, más que dedicar tiempo a hablarles de eso, intentamos ser un claro ejemplo para ellos: reducimos, consumimos lo necesario, aprovechamos paseos y excursiones para hacer limpieza de entornos todos juntos de manera espontánea... Al final, no se trata de que no sepan de dónde viene una lechuga, se trata de que no olviden de dónde vienen ellos, y servir de ejemplo con nuestras acciones diarias y mantenerlos en contacto con la tierra para que puedan conocerla y respetarla de manera natural es la mejor manera que hemos encontrado para que nunca lo olviden.

Con el tiempo, muchísima gente de mi entorno se ha ido sumando de manera espontánea, más de la que podría haber llegado a imaginar, y ha sido en esos momentos cuando he visto más claro que nunca que es más fácil provocar un cambio en los demás sirviendo de ejemplo y siendo considerados que intentar convencerlos o acusarlos de hacer poco o nada.

Por ejemplo, mi marido desde el principio me apoyó en la decisión de hacer cambios en nuestra manera de vivir, pero él todavía no era del todo consciente del problema. Era yo la que había hecho una toma de conciencia profunda tras conocer el impacto de nuestro modelo de consumo, pero él solo sabía lo que yo le contaba. Eso supuso un mayor esfuerzo por mi parte, porque tenía claro adónde quería llegar y qué quería conseguir, así que no podía permitir que se «asustara» y desistiera durante el proceso. Por eso, fue especialmente importante mantener una cierta estabilidad dentro de tantos cambios que íbamos a hacer, por lo que me comprometí los primeros meses a hacer yo todas las compras y a buscar todas las alternativas posibles a los desechables.

Cuando uno mismo toma conciencia de algo, tiene fuerza y voluntad de sobra para llevar a cabo lo que se ha propuesto, pero, si le pides a una persona que haga lo mismo que tú, sin entender muy bien por qué tiene que hacerlo, seguramente no llegue ni a la esquina.

Con el tiempo, una vez que encontré los lugares donde poder comprar con mis propias bolsas y recipientes, le pedí a mi marido que me acompañase para que viera cómo compraba con mis recipientes y conociera las tiendas y a las personas que atendían. Ahí vio lo fácil que era comprar de manera más sostenible y a partir de aquel día él también comenzó a hacer las compras con sus bolsas y fiambreras. Ahora va más a la compra que yo y, en poco tiempo, se terminó implicando al cien por cien después de vivir la experiencia de los cambios y ver lo enriquecedor que es.

Con mi madre pasó algo similar. Tenía la costumbre de hacer las compras cada vez que venía de visita, así que tuve que «prohibirle» de manera literal que comprara, porque no quería plástico. Pero ella misma decidió comenzar a acompañarme a todas las compras, al mercado, a la tienda a granel, a la frutería, etcétera, para ver cómo hacía las compras con mis recipientes. Hoy en día, ella también hace sus compras de manera más sostenible y ha llevado a cabo muchísimos cambios por voluntad propia.

Al final, debemos esforzarnos por facilitar el camino a aquellas personas a las que les cuesta más dar el paso para que puedan ver lo fácil y beneficioso que es este camino, pero, sobre todo, debemos aceptar que cada persona tiene su momento, y no a todos nos llega a la vez.

5. Dar las gracias, ser amable y sonreír

La amabilidad, el agradecimiento y la sonrisa son actitudes clave cuando promovemos un estilo de vida sostenible. En los inicios, mi día a día era bastante de película, me lo pasaba haciendo malabares para que no me colaran ningún plástico y al final del día terminaba un tanto tensa...

Pero con el tiempo me fui dando cuenta de que estas actitudes tan importantes no las ponía en práctica muchas veces. Seamos amables y agradezcamos con una sonrisa siempre a las personas que nos atienden, a nuestra pareja, a nuestros familiares, a todas las personas que contribuyen a un mundo mejor... No olvidemos que los pequeños gestos de cada persona, por muy insignificantes que parezcan, tienen una repercusión y nos benefician a todos. Y, sobre todo, evitemos los conflictos, aunque los astros se alineen para hacernos el día imposible...

6. Paciencia y alegría

En el camino nos iremos encontrando de todo, y si nuestra pareja o familia no están por la labor, necesitaremos ceder muchas más veces de las que desearíamos y tirar de paciencia. Pero hagamos de este camino un camino de alegría. Disfrutemos de cada paso, divirtámonos durante el proceso y riámonos de todas las anécdotas que vivimos. Este no es un camino para vivir reprimidos o amargados, es para disfrutar y aprender a encontrar la felicidad en las pequeñas cosas, aunque a veces sea difícil.

CUANDO EL KARMA TE PERSIGUE

Todos estos puntos no los he seguido a rajatabla, muchas veces me he olvidado de ellos, sobre todo en los días en los que la frustración se apodera de mí, pero siempre intento volver a ellos, porque son los que han hecho que todo funcione mejor.

Cómo gestionar la frustración

A lo largo de estos años he podido conocer a mucha gente implicada en el camino de la sostenibilidad y, sobre todo, en el movimiento residuo cero, tanto en la vida real como a través del blog y las redes sociales, y he podido ver que hay ciertos sentimientos comunes que surgen en la mayoría de nosotros durante el proceso.

El estado de *shock* inicial, cuando por fin despiertas a la realidad de que la basura existe, que no desaparece y que tiene un impacto medioambiental inmenso.

La culpa por no haber visto antes un problema tan evidente y haber contribuido al problema.

La vergüenza que aparece en los inicios cuando vamos a comprar con nuestras propias bolsas y recipientes.

La motivación que nos hace pasar a la acción, superar nuestros límites y mantenernos positivos y activos para buscar alternativas y reducir nuestra huella de manera incansable.

La libertad que da ser un consumidor consciente, de poder elegir, de ver cómo la experiencia va haciendo el camino cada vez más fácil y placentero sin que nos suponga un esfuerzo.

La felicidad que se siente cuando comienzas a ser parte del cambio y sabes que estás contribuyendo a un mundo mejor con cada paso que das.

Pero hay un sentimiento que continuamente aparece de entre todos ellos, a veces de manera intermitente y otras veces nos acompaña por largas temporadas: **la frustración**.

En ocasiones, la frustración aparece porque no llegamos a hacer todo lo que nos gustaría. Intentemos fijarnos objetivos más realistas, acordes a nuestras circunstancias. Siempre podemos exigirnos un poquito más de lo que marca nuestro propio límite para ir superándonos poco a poco y no acomodarnos en el «no puedo hacer más», pero, cuando somos demasiado exigentes con nosotros mismos, la frustración se apodera de nosotros con demasiada facilidad y eso nos puede llevar a terminar no haciendo nada. Por lo que vayamos paso a paso, sin fustigarnos, con calma, pero con constancia.

La frustración también aparece cuando convivimos con personas que no quieren colaborar y sentimos que eso nos impide avanzar como nos gustaría, pero todo camino tiene sus dificultades y, tal como ya hemos visto, lo mejor es concentrarnos en nuestro propio cambio y hacer nuestra parte, predicar con el ejemplo sin caer en el juicio y disfrutar del camino.

Piensa también que por el camino vamos a encontrarnos a todo tipo de personas que nos van a acusar de no hacerlo todo perfecto, como si eso fuera un motivo para no hacer nada, o personas que estarán esperando que caigamos en la tentación para echárnoslo en cara o simplemente personas que no tienen ni idea de qué va lo que promovemos…

PRÓXIMO OBJETIVO RESIDUO CERO PARA NO ESCUCHAR MÁS QUE MI **MÓVIL ES DE PLÁSTICO:** COMUNICARME POR SEÑALES DE HUMO O SILBIDO GOMERO

Pero no olvidemos nunca que nuestro compromiso no es más que con la Tierra y con nosotros mismos, por lo que no tenemos que demostrar nada a nadie ni sentirnos culpables si hacemos algo que no entra dentro de lo que los demás consideran «la sostenibilidad perfecta», ni mucho menos tenemos que dar explicaciones. Hay una gran comunidad mundial que sigue el movimiento residuo cero y que podemos encontrar a través de las redes sociales. También se organizan reuniones, conferencias y actividades que nos pueden ayudar a motivarnos, a darnos cuenta de que no estamos solos en el camino y a encontrar apoyo en personas que también conviven con sus propias dificultades.

Por otro lado, está la frustración que aparece cuando económicamente no podemos permitirnos realizar algunos cambios, cuando pasamos épocas en las que el tiempo no nos llega para todo o cuando no tenemos muchas opciones de ir a lugares donde comprar sin generar residuos, pero intentemos concentrarnos en aquellas cosas que sí podemos hacer y tengamos claro que todo cuenta y que siempre será más que no hacer nada, independientemente de la velocidad a la que vayamos.

Personalmente, la frustración me ha ayudado a conocer mis propias limitaciones, a ser más humilde y a darme cuenta de que no puedo controlarlo todo, pero, sobre todo, me ha ayudado a comprender que cualquier camino que conduce a un mundo mejor es un camino de soledad en el que nuestra sombra muchas veces es la frustración y el miedo. Sabiendo esto, lo mejor es aprender a convivir con ello y a gestionarlo para que no sean un obstáculo en nuestro camino, solo simples compañeros de viaje a los que hay que prestarle la atención justa para saber qué cosas nuevas podemos aprender o mejorar, porque no tiene mayor función.

Creo que la frustración más fuerte con la que podemos llegar a toparnos en este camino es la que aparece cuando perdemos la esperanza, cuando vemos que ya no queda tiempo y sentimos que es imposible un cambio real por parte de todos. Durante estos años he pasado por algunos momentos en los que me he preguntado hasta qué punto vale la pena continuar haciendo esfuerzos. Creo en nuestra capacidad de cambio como especie, tengo esperanza en la humanidad porque siento que, a pesar de todo, somos maravillosos y, aunque en ocasiones la desesperanza se hace presente cuando veo noticias sobre los efectos del cambio climático o veo acciones totalmente opuestas al camino que debemos seguir por parte de gobiernos, industrias y ciudadanos, lucho contra esos sentimientos porque quiero que mis hijos crezcan con esperanza, no quiero que crezcan pensando que nuestra especie es la peor especie que ha pisado este planeta ni que sean parte de ese círculo vicioso que se alimenta del odio creciente que se difunde hacia nosotros mismos, porque eso no soluciona nada y lo único que hace es retrasar la unidad que necesitamos para afrontar esta época.

A lo largo de mi vida he vivido dos depresiones de las que he tenido la inmensa suerte de poder salir, y sé que la frustración, el miedo y la soledad que te acompañan cuando sientes que caminas o luchas solo por una causa son sentimientos que pueden llevar a la depresión, por eso es tan importante que no olvidemos nunca por qué hacemos lo que hacemos y para qué lo hacemos y que mantengamos viva la esperanza de que un cambio es posible, de que entre todos podemos conseguirlo. Aunque hay cosas que ya no podremos evitar, sí que podemos prepararnos para sobrellevar los cambios de la mejor manera posible y mantener la unidad por encima de todo.

7.
Minimalismo: reducir, simplificar y ordenar tu vida

El residuo cero está estrechamente ligado al minimalismo, una filosofía de vida donde «menos es más» que nos ayuda a poner orden en nuestra vida, tanto externa como interna, y a llevar una vida más plena y consciente. Nos permite simplificar, vivir mejor con menos y liberarnos en su sentido más amplio de nuestros apegos a las cosas superfluas para focalizarnos en lo que es esencial para nosotros y en lo que nos hace felices.

Para mí, ha sido un pilar fundamental en mi camino y ha sido clave en la transición de mi propio cambio y el de mi familia en todos estos años.

Siguiendo el movimiento residuo cero he podido reducir mi consumo y, consecuentemente, mi impacto en la Tierra a través de mis decisiones de consumo, también he conseguido simplificar todas mis actividades diarias y esto me ha ayudado a ganar tiempo y calidad de vida; sin embargo, cuando llevaba un año en este camino, sentía que todavía me faltaba algo. Mi vida seguía siendo caótica y desordenada en muchos aspectos, especialmente en casa.

Siempre me he preocupado de que en mi casa entrara solo lo justo y necesario, no solo en estos últimos años, sino durante toda mi vida, pero aun así, inevitablemente, las diferentes etapas de la vida que vamos viviendo hacen que vayamos acumulando cosas. Pero lo que nunca tuve en cuenta fue que tan importante es controlar lo que compramos y lo que entra en nuestra casa como dejar ir lo que tenemos y no necesitamos.

Tener tantas cosas en casa hacía que fuera muy difícil mantener el orden: demasiada ropa por lavar, tender y doblar, demasiados muebles que limpiar, demasiadas cosas que ordenar... Todo ello consumía gran parte de mi tiempo y energía. A lo largo de los años, en lugar de ir deshaciéndome de las cosas que ya no necesitaba, hice todo lo contrario: fui comprando muebles y armarios para dar lugar a lo que iba acumulando, a los «por si acaso».

En medio del caos y la desesperación, recordé un libro que me habían recomendado hacía un tiempo: *La magia del orden*, de la gurú japonesa del orden Marie Kondo, y literalmente me cambió la vida cuando lo leí. La autora no habla directamente sobre minimalismo, habla sobre el método definitivo para no caer nunca más en el desorden y cómo cambia tu vida a través de este, pero, seguramente por la relación tan estrecha que existe entre estos dos conceptos, a muchas personas nos ha llevado de lleno a adentrarnos en el minimalismo.

Por otro lado, conocí la historia de Ryan Nicodemus y Joshua Fields Millburn, las dos personas que están detrás del blog *The Minimalists*, donde cuentan cómo pasaron de la más absoluta abundancia material a vivir una vida solo con lo esencial. Su experiencia es inspiradora y motivadora y fue un aliciente más para despojarme de todas las cosas superfluas que había en mi vida y para liberarme del caos.

A menudo nos cuesta deshacernos de las cosas, no solo de las que tienen un valor emocional, aunque no tengan ninguna utilidad, sino también de las que acumulamos por si acaso o que nos han costado un cierto dinero, pero ¿qué sentido tiene retener pertencias que no usamos ni aportan valor a nuestra vida? De todo lo que hay en nuestra casa, solo damos uso a un veinte por ciento; ¿para qué queremos todo lo demás?

Algo que me ayudó mucho a desprenderme de ese sentimiento de posesión que tenía hacia mis bienes fue ver el reportaje que le hizo la *CCTV América* a Bea Johnson. Ella decía: «Cuando tienes cosas que no necesitas, se las estás reteniendo a otras personas, les estás impidiendo ser útiles para otras personas».

Todo ha sido creado para cumplir una función específica y, tal como dice Bea, guardar esos bienes para nosotros sin darles uso impide que cumplan su función y sean útiles a otros. Aunque ya no aporten valor a nuestra vida, cuando donamos, regalamos o vendemos, estamos añadiendo valor a la vida de las personas que los necesitan, y eso es muy importante.

Cuando decidí comenzar a reducir mis pertenencias, arrasé con todo. Tenía tantas ganas de que saliera todo de mi casa que tuve que hacer grandes esfuerzos para hacerlo con responsabilidad, porque, igual que es difícil deshacernos de aquello a lo que tenemos un cierto apego o que acumulamos por si acaso, cuando comenzamos y cogemos ritmo, la sensación es tan extremadamente liberadora que cuesta parar, y se hace especialmente difícil mantener la paciencia para eliminar lo superfluo responsablemente.

Uno de los objetivos del movimiento residuo cero es precisamente el de no añadir más basura al vertedero, pero eso no significa tampoco que hagamos de nuestra casa un vertedero y que retengamos lo que no nos sirve simplemente porque no queremos generar más basura. Tenerla en un lugar o en otro no supone una diferencia si en ninguno de esos lugares cumple su función, por eso, deshacernos responsablemente de nuestras cosas implica seleccionarlas para donar, regalar, vender o reciclar.

Hay muchas maneras de eliminar lo que no necesitamos y reorganizar nuestra casa. Hay quien cada día se deshace de una pertenecia, otras personas deciden tirar durante cuarenta días la misma cantidad que llevan de días, es decir, el día 1 tiran una cosa, el día 10 tiran diez, el día 39, tiran treinta y nueve... Hay otras personas que lo meten todo en cajas como si se fueran de mudanza, y durante un tiempo solo van cogiendo lo que necesitan; pasado un tiempo determinado, desechan todo lo que no necesitaron durante ese periodo. Yo, en este aspecto, decidí seguir el método konmari: reorganizar mi casa de golpe. Me resulta una manera muy efectiva para ser consciente de la cantidad de cosas que tenemos, ya que tienes que sacarlo todo de los armarios y ponerlo frente a ti, y eso me ha permitido experimentar lo que dice Marie: «Una reorganización drástica del hogar provoca cambios proporcionalmente drásticos en tu estilo de vida y tu perspectiva. Eso transforma tu vida».

También lo hice así porque, en mi caso, no tengo mucha paciencia para hacer las cosas poco a poco. Me gusta aprovechar la motivación del momento, porque soy de las que me voy desinflando con el tiempo si van pasando los días y no voy viendo resultados, pero cada persona debe encontrar aquí la táctica que le funcione mejor. Además, el factor tiempo también es importante.

Seguí algunos pasos concretos. Primero pensé en qué pertencias quería quedarme y cuáles quería eliminar. Decidí quedarme con aquellas que me hacen feliz, las que aportan valor a mi vida y las que considero necesarias por su utilidad o porque cumplen una función específica, como pueden ser algunas herramientas o hilos, aunque no los use a menudo. Pero en este caso también reduje hasta quedarme solo con lo justo y necesario de cada. Decidí no quedarme con todo aquello que ni me acordaba que tenía, lo que no cumplía ninguna función más allá de ocupar espacio y acumular polvo, lo que llevaba más de un año sin usar o lo que conservaba «por si acaso». Hay que ser realistas y no autoengañarnos pensando que en algún momento vamos a dar uso a cosas que llevan olvidadas en los armarios desde hace años.

Puse orden por categorías en lugar de hacerlo por habitaciones. Comencé por toda la ropa y seguí con los libros, los papeles, trastos varios, como todo lo que había acumulado de mis hijos, utensilios de cocina, pequeños electrodomésticos, objetos de decoración, artículos de deporte… Cada categoría la acumulaba en un solo punto para elegir con qué me quedaría y con qué no. Es muy impactante verlo todo junto porque normalmente, al tenerlo todo repartido por varios puntos de la casa y guardado dentro de los armarios o los muebles, es muy difícil ser consciente de cuántas cosas tienes, pero verlas todas juntas es brutal, sobre todo la ropa, que creo que es lo que más tendemos a acumular dentro de una sola categoría.

De lo que iba a eliminar, lo fui separando todo en diferentes montones: lo que iba a regalar, lo que iba a vender, lo que iba a donar y lo que iba a llevar al punto limpio para que fuera reciclado. Algunas otras cosas que tenía y eliminé fueron directamente basura, porque no tenía ni siquiera la posibilidad de ser reciclado. Es un punto a tener en cuenta cada vez que adquirimos algo: ¿qué va a pasar con esto una vez que tenga que desecharlo?

En mi caso, aunque llevaba más de un año por aquel entonces sin comprar ropa y más de diez años comprando solo lo necesario, saqué más de treinta bolsas llenas de ropa, sábanas, mantas y calzado que había ido acumulando durante muchísimos años y que no usábamos desde hacía mucho tiempo. Regalé, doné y vendí, y con lo que no servía hice trapos de limpieza, servilletas y pañuelos para los resfriados. Todo lo de mis hijos: ropa, cunas, cochecitos, sillas portátiles, hamacas y un sinfín de cosas, lo vendimos.

También vendí y regalé platos, vasos, utensilios de cocina, pequeños electrodomésticos… Mi cocina siempre estaba abarrotada de cacharros que había que lavar y ordenar; ¿para qué quería tantos platos, vasos y cubiertos si solo somos cuatro? Saqué muchísimas cosas y, aun así, siempre vivo con la sensación de que podría sacar mucho más.

Con el resto, igual: jarrones y objetos de decoración que acumulaban polvo, artículos de deporte que no usábamos, móviles que no funcionaban, libros que leímos una vez y que pasaron a decorar las estanterías... Fue tanto lo que sacamos que los muebles quedaron casi vacíos, así que también los vendimos.

Nuestro piso no es muy grande, pero el salón es el lugar más espacioso de la casa sin embargo, llegamos a tener tantos muebles que mis hijos no tenían espacio ni para jugar. ¿Para qué quiero un salón más o menos grande si lo lleno de muebles que no me permiten disfrutar del espacio? Hasta aquel momento no me había dado cuenta de eso, pero era totalmente ilógico, así que simplificamos y nos quedamos solo con lo esencial. Vendimos el aparador, las estanterías y el *chaise longue*, y nos quedamos solo con un pequeño sofá, un mueble muy simple para la televisión y la mesa para comer. En el resto de habitaciones hicimos igual: quitamos muebles, armarios, estanterías, espejos, incluso la habitación infantil que ocupaba tanto espacio.

Tardé unos seis meses en ponerlo todo en orden y en sentir que me había quedado solo con lo esencial de aquel momento. Seis meses parece mucho, pero fueron meses de no parar.

A partir de ahí todo cambió drásticamente. Pasamos de dedicar un día y medio a ordenar y limpiar la casa cada vez que nos poníamos a hacerlo tan solo en treinta minutos. El tiempo que dedicamos a la casa diariamente ahora es insignificante comparado con antes. Nuestra casa se volvió simple y funcional y todos podemos disfrutar del espacio al cien por cien. Esto nos ha permitido optimizar nuestro tiempo y energía y emplearlo en otras actividades que consideramos más importantes y que aportan valor a nuestra vida.

Desprenderte de los apegos materiales y emocionales es, seguramente, una de las experiencias más liberadoras que existen. Te ayuda a simplificar, a priorizar, a despejar y a aligerar tu mente, a agradecer, a valorar y a enfocarte en lo importante, en lo que te hace feliz, en los pequeños placeres de la vida. Además, también te ayuda a pensar mucho más qué quieres que entre en tu casa y qué no.

El minimalismo es una herramienta para reducir a lo esencial en todos los ámbitos de nuestra vida, incluyendo el aspecto emocional si así lo deseamos, pero es un camino muy personal. No hay una definición de persona minimalista, básicamente porque cada persona tiene necesidades y prioridades diferentes. Lo que para mí es esencial para otro puede ser superfluo. Por eso, solo uno mismo puede determinar lo que es esencial en su vida y lo que no.

Aunque se da una situación por la que, tarde o temprano, pasamos todos: la de tirar algo que llevas años sin usar y necesitarlo al día siguiente.

NOVATADA ⋛PERPETUA⋚ DE LA VIDA MINIMALISTA

POR FIN ME DESHAGO DE ESTAS
15 COSAS QUE NO USO
DESDE HACE 10 AÑOS

¿CÓMO NO LO HICE ANTES?
¡ME SIENTO LIBRE!

AL DÍA SIGUIENTE...
AYER TIRÉ MI DISFRAZ DE CALABAZA
Y... ¡LO NECESITO!

8.
Agenda de propósitos: doce meses, doce cambios

Ya conocemos el camino y la dirección y hemos aprendido los pasos que hay que dar para recorrerlo, pero lo más importante lo pones tú. Tú eres la única persona que puedes andar tu propio camino y ha llegado el momento de emprender el viaje. ¿Por dónde empezar? Por donde sea. Puedes empezar por el cambio que te resulte más sencillo. Cualquiera dará lugar al primer paso, que es justamente el que necesitamos para empezar a avanzar.

Lo que queremos conseguir son cambios reales, que perduren en el tiempo y que lleguen a formar parte de nosotros, por eso es muy importante realizar cambios que, aunque nos supongan un pequeño esfuerzo, no representen un gran sacrificio. Por ejemplo, si para ti dejar de tomar bebidas vegetales en tetrabrick y hacerlas caseras te supone un gran sacrificio, comienza por otro cambio que te resulte más sencillo y deja ese para más adelante.

Así, cuando realices un cambio, hazlo tuyo, haz que forme parte de ti y, una vez que hayas cogido el hábito, que lo hagas de manera natural y espontánea, entonces ve a por el siguiente. A medida que vayas sumando cambios, verás cómo tu capacidad para afrontar nuevos retos y llevarlos a cabo irá aumentando y las cosas que antes veías difíciles con el tiempo te resultarán más fáciles de realizar.

Si hacemos muchos cambios a la vez, para los que todavía quizás no estamos preparados, nos sentiremos desbordados y frustrados con mayor facilidad, y eso podría llevarnos a abandonar este camino maravilloso que sin duda tiene mucho que aportarnos.

Podemos correr, sí, pero no en el sentido de ir muy deprisa sin saber adónde vamos ni qué camino coger, podemos hacerlo entendiéndolo como un conjunto de pasos conscientes, seguros, con orden y calma, y sin dejar de avanzar.

Y, para ir paso a paso y con buena letra, lo mejor es ir marcándonos pequeños objetivos que cumplir que nos vayan acercando adonde queremos llegar.

EJEMPLO:

MESES	CAMBIOS QUE VOY A HACER	QUÉ NECESITO
ENERO	1. DEJAR DE COMPRAR AGUA EMBOTELLADA.	BUSCAR UN FILTRO PARA EL GRIFO Y COMPRAR UNA BOTELLA DE ACERO.
	2. IR A LA FRUTERÍA CON MIS PROPIAS BOLSAS.	COMPRAR 3 BOLSAS DE TELA (MIRAR DIFERENTES TEJIDOS).
FEBRERO	3. CAMBIAR A CHAMPÚ SÓLIDO.	BUSCAR TIENDAS DONDE VENDAN CHAMPÚ Y COMPARAR PRECIOS Y OPINIONES.

En la plantilla que encontraremos en la siguiente página, podemos ir apuntando nuestros nuevos retos y lo que necesitamos para alcanzarlos con facilidad teniendo como base todo lo aprendido. El ritmo que seguir dependerá del carácter y el tiempo de cada persona. A mí, por ejemplo, me gusta ver resultados pronto (consecuencia de mi impaciencia) para mantener la motivación y continuar, por lo que me gusta ponerme varios retos a la vez. Si, en tu caso, te agobian demasiados cambios, puedes marcarte un pequeño cambio cada mes. Al acabar el año, verás cómo tu cubo de la basura se habrá reducido muchísimo.

Pero los retos no tienen por qué ser solo reducir envases, también puedes plantearte construir un armario cápsula, poner orden en casa o empezar a comprar la fruta y la verdura en un mercado de agricultores, por citar algunos ejemplos. Cualquier paso que nos lleve a una vida más sostenible es válido.

Además de apuntar nuestros cambios y lo que necesitamos, también podemos escribir las dificultades que nos vayamos encontrando en cada reto como una manera de descubrir las acciones que nos cuestan y poder así mejorarlas. También podemos escribir las anécdotas y los cambios internos que vamos viviendo. Será un bonito recuerdo de los pasos que dimos hacia un mundo mejor.

MIS PASOS
HACIA ⋛UN MUNDO MEJOR⋚

MESES	CAMBIOS QUE VOY A HACER	QUÉ NECESITO
ENERO		
FEBRERO		
MARZO		
ABRIL		
MAYO		
JUNIO		

MIS PASOS
HACIA ⇉UN MUNDO MEJOR⇇

MESES	CAMBIOS QUE VOY A HACER	QUÉ NECESITO
JULIO		
AGOSTO		
SEPTIEMBRE		
OCTUBRE		
NOVIEMBRE		
DICIEMBRE		

Notas: _____

_____

_____

_____

_____

_____

_____

_____

_____

_____

_____

_____

_____

_____

_____

_____

_____

_____

_____

_____

_____

9.
La perfección de la imperfección. ¡Fuera límites!

Más allá de nuestros propios límites hay miles de acciones que podemos llevar a cabo para vivir una vida en mayor equilibrio con la naturaleza. En este libro hay muchas ideas, pero, a medida que vayas construyendo tu propio camino hacia un modo de vida más sostenible, tu visión será cada vez más amplia y podrás ver que la sostenibilidad abarca muchos más aspectos que los que inicialmente imaginabas. Según vamos evolucionando, las opciones para sumar se multiplican, aspectos que antes no teníamos en cuenta de repente comienzan a tener sentido y a volverse esenciales en nuestro recorrido. Vemos cómo se van abriendo nuevos caminos que nos ayudan a vivir una vida más plena y consciente y cómo todos estos se relacionan entre sí, haciendo el viaje cada vez más emocionante y enriquecedor, pero también más vasto y complejo, un viaje en el que nunca dejamos de aprender, a la vez que de equivocarnos, lo que lo hace un camino perfectamente imperfecto.

Todo aquello que consideramos imperfecto, todas las dificultades u obstáculos con los que nos encontramos, todos los errores que cometemos y todo lo que sentimos mientras avanzamos es absolutamente perfecto. Todo ello nos permite encontrar el equilibrio, disfrutar de cada paso, aceptar los grises, no solo los blancos y los negros, entender que hacer algo o un poco, en lugar de todo o nada, también cuenta, que no existe nada de lo que no podamos aprender, que en medio de dos extremos hay un amplio abanico de posibilidades a las que no deberíamos cerrarnos y que no hay nada más auténtico que vivir disfrutando de la imperfección de nuestro camino.

No tengamos miedo de avanzar ni de no hacerlo todo perfecto. No dejemos que el sentimiento de no poder hacerlo todo nos lleve a no hacer nada. Tampoco esperemos a ser un ejemplo de buenas prácticas para empezar a animar a otros a sumarse al cambio, seamos valientes y hagámoslo desde la imperfección. Siempre habrá quien critique nuestros pasos, quien buscará la incoherencia entre nuestras palabras y nuestros actos, pero normalmente son críticas de personas que saben que, mientras mantengan el dedo en alza señalando a los demás, no tendrán que enfrentarse a sí mismas. También habrá quien nos diga que nada de lo que llevamos a cabo es suficiente o que si hacemos una cosa, pero no la otra, no estamos logrando nuestro objetivo, como si hubiera alguien en el mundo capaz de hacerlo todo al cien por cien. Pero no permitamos que nada ni nadie nos limite. Hagamos caer la primera pieza de dominó para que se abra camino y avancemos con nuestros defectos y virtudes perfectamente imperfectos. Sumemos, rodeémonos de toda la gente increíble que, repartida por el mundo, está cambiando y luchando por un futuro más justo y sostenible apoyémonos, mantengamos viva la esperanza y llevémosla a los demás.

¡Podemos conseguirlo! Quizás no será fácil, pero eso no significa que sea difícil y mucho menos imposible.

Referencias de las notas |

1. Banco Mundial, *What a Waste: A Global Review of Solid Waste Management*, Washington, 2012, p. 24. Disponible en: <https://www.ifc.org/wps/wcm/connect/1e5 ca7004c07698db58eb7d8bd2c3114/What-A-Waste-Report.pdf?MOD=AJPERES>.

2. UNEP e ISWA, *Global Waste Manegement Outlook*, 2015, pp. 54-55. Disponible en: <http://www.green-report.it/wp-content/uploads/2015/09/Global-Waste-Management-Outlook-2015.pdf>.

3. UNEP, *Marine Plastic Debris & Microplastics: Global Lessons and Research to Inspire Action and Guide Policy Change*, Nairobi, 2016. Disponible en: <https://wedocs.unep.org/rest/bitstreams/11700/retrieve>.

4. Sylvia Earle, *My wish: Protect our oceans*, febrero de 2009. Disponible en: <https://www.ted.com/talks/sylvia_earle_s_ted_prize_wish_to_protect_our_oceans>.

5. Agencia de Protección Ambiental de Dinamarca, *Problematiske kemiske stoffer i plast* («Sustancias químicas problemáticas en el plástico»), Copenhague, 2014. Dis-

ponible: <http://www2.mst.dk/Udgiv/publikationer/2014/12/978-87-93283-30-5.pdf>.

6. Orb Media, *Con plástico: Se encuentran microplásticos en el agua embotellada de todo el mundo.* Disponible en: <https://orbmedia.org/stories/con-plástico/text>.

7. Amy L. Brooks, Shunli Wang y Jenna R. Jambeck, «The Chinese import ban and its impact on global plastic waste trade», *Science Advances*, vol. 4, n.º 6, junio de 2018. Disponible en: <http://advances.sciencemag.org/content/4/6/eaat0131.full>.

8. Leyla Acaroglu, ¿*El papel es mejor que el plástico? Cómo cuestionar las creencias populares sobre la ecología*, febrero de 2013. Disponible en: <https://www.ted.com/talks/leyla_acaroglu_paper_beats_plastic_how_to_rethink_environmental_folklore?language=es#t-159618>.

9. Para saber más sobre el impacto de los plásticos oxo-degradables y de los oxobiodegradables y las exigencias para su prohibición, véase: European Bioplastics, «Oxo-Degradable Plastics». Disponible en: <https://www.european-bioplastics.org/bioplastics/standards/oxo-degradables/>.

10. IPCC, *Global Warming of 1.5 °C*, Suiza, 2018. Disponible en: <http://ipcc.ch/report/sr15/>. Nota de prensa en castellano disponible en: <http://ipcc.ch/pdf/session48/pr_181008_P48_spm_es.pdf>.

11. Emma Foehringer Merchant, «Should We Respond to Climate Change Like We Did to WWII?», *The New*

Republic, mayo de 2016. Disponible en: <https://newrepublic.com/article/133423/respond-climate-change-like-wwii>.

12. Tim Jackson, *La llamada al realismo económico de Tim Jackson*, julio de 2010. Disponible en: <https://www.ted.com/talks/tim_jackson_s_economic_reality_check?language=es>.

13. Isabel Vicente, «Cambia el mundo un poquito con #DesnudaLaFruta», *La hipótesis Gaia*, febrero de 2018. Disponible en: <https://www.lahipotesisgaia.com/cambiar-mundo-poquito-desnudalafruta/>.

14. FAO, *La larga sombra del ganado: problemas ambientales y opciones*, Roma, 2009, p. 22. Disponible en: <http://www.fao.org/3/a-a0701s.pdf>.

15. WWF, «Ganadería insostenible». Disponible en: <https://wwf.panda.org/es/que_hacemos/sitios_prioritarios/amazonia/los_desafios/ganaderia/ >.

16. Pedro Cáceres, «El mayor despilfarro ocurre cada día en el mar», *El Mundo*, marzo de 2011. Disponible en: <https://www.elmundo.es/elmundo/2011/03/09/ciencia/1299707274.html>.

17. ETC Group, ¿Quién nos alimentará? ¿La red campesina alimentaria o la cadena agroindustrial?, 2017, p. 6. Disponible en: <http://www.etcgroup.org/sites/www.etcgroup.org/files/files/etc-quiennosalimentara-2017-es.pdf>.

18. Fairtrade Ibérica, «Comercio justo con cacao: Situación del mercado del cacao». Disponible en: <https://sellocomerciojusto.org/es/productores/cacao/>.

19. FAO, *Huella del despilfarro de alimentos*, 2013. Disponible en: <http://www.fao.org/3/a-ar428s.pdf>.

20. Residuo Cero Europa y Amigos de la Tierra para la Coalición Rethink Plastic, *Al desnudo: los envases de plástico no evitan el despilfarro alimentario (soluciones y alternativas reales)*. Disponible en: <https://www.tierra.org/wp-content/uploads/2018/04/informe_desperdicio_alimentos_plasticos.pdf>.

21. Para saber más sobre la iniciativa de los envases retornables en los supermercados EDEKA, véase: EDEKA, «EDEKA-Frischetheken: Mehrwegdose spart Verpackungen ein», Hamburgo, julio de 2018. Disponible en: <http://www.edeka-verbund.de/Unternehmen/de/presse/newsservices/presse_3/presse_detail_gruppe_1069961.jsp>.

22. Yurena González, «Eco-Recetas», *EcoBlog Nonoa*. Disponible en: <https://ecoblognonoa.com/recetas-de-comida-vegana-recetas-cosmetica-y-limpieza-del-hogar/>.

23. Yurena González, «Directorio de tiendas sin plástico», *EcoBlog Nonoa*. Disponible en: <https://ecoblognonoa.com/directorio-tiendas-eco-friendly-sin-plastico/>.

24. Yurena González, «Eco-Receta Express: Jabón líquido de nueces de lavado», *EcoBlog Nonoa*. Disponible en: <https://ecoblognonoa.com/portfolio-items/jabon-liquido-nueces-lavado/?portfolioCats=48%2C49>.

25. Gregory S. Okin, «Environmental impacts of food consumption by dogs and cats», *PLOS One*, vol. 12, n.º 8, agosto de 2017. Disponible en: <https://jour-

nals.plos.org/plosone/article?id=10.1371/journal.
pone.0181301>.

26. Ecoblog Nonoa, «Cómo hacer bolsas de papel para tirar la basura sin bolsas de plástico», mayo de 2017. Disponible en: <https://www.youtube.com/watch?v=WVTMRPXgeK8&t=27s>.

27. Ecoblog Nonoa, «Cómo hacer bolsas de papel para tirar la basura sin bolsas de plástico», mayo de 2017. Disponible en: <https://www.youtube.com/watch?v=WVTMRPXgeK8&t=27s>.

28. Para saber más sobre este movimiento, se puede consultar su página web: <https://www.fashionrevolution.org/>.

29. Seth Wynes y Kimberly A. Nicholas, «The climate mitigation gap: education and government recommendations miss the most effective individual actions», *Environmental Research Letters*, vol. 12, n.º 7, julio de 2017. Disponible en: <http://iopscience.iop.org/article/10.1088/1748-9326/aa7541/meta>.

30. BPNI e IBFAN Asia, *Formula for Disaster: Weighing the Impact of Formula Feeding Vs Breastfeeding on Environment*, 2014, p. 15. Disponible en: <http://ibfan.org/docs/FormulaForDisaster.pdf>.

Bibliografía |

**Sobre los residuos sólidos a nivel mundial
y sobre el cambio climático**
Banco Mundial, *What a Waste: A Global Review of Solid Waste Management*, Washington, 2012. Disponible en: <https://www.ifc.org/wps/wcm/connect/1e5ca700 4c07698db58eb7d8bd2c3114/What-A-Waste-Report. pdf?MOD=AJPERES>.
IPCC, *Global Warming of 1.5 °C*, Suiza, 2018. Disponible en: <http://ipcc.ch/report/sr15/>. Nota de prensa en castellano disponible en: <http://ipcc.ch/pdf/session48/ pr_181008_P48_spm_es.pdf>.
UNEP e ISWA, *Global Waste Manegement Outlook*, 2015. Disponible en: <http://www.greenreport.it/wp-content/ uploads/2015/09/Global-Waste-Management-Outlook-2015.pdf>.

**Sobre los plásticos y los microplásticos
en el medioambiente y en la salud**
Agencia de Protección Ambiental de Dinamarca, *Problematiske kemiske stoffer i plast* («Sustancias quími-

cas problemáticas en el plástico»), Copenhague, 2014. Disponible: <http://www2.mst.dk/Udgiv/publikationer/2014/12/978-87-93283-30-5.pdf>. Según el informe, al menos 132 sustancias o grupos de sustancias problemáticas podrían estar presentes en los productos plásticos.

Ecologistas en Acción, «¿Nos ayuda el código de identificación de plástico a conocer su toxicidad?», *Libres de contaminantes hormonales*, marzo de 2018. Disponible en: <https://www.libresdecontaminanteshormonales.org/2018/03/26/codigo-de-identificacion-de-plastico-a-conocer-su-toxicidad/>.

Europa Press, «En cada comida ingerimos 100 partículas plásticas provenientes del polvo ambiental», abril de 2018. Disponible en: <https://www.europapress.es/ciencia/habitat-y-clima/noticia-cada-comida-ingerimos-100-particulas-plasticas-polvo-ambiental-20180404145452.html>.

Jenna R. Jambeck, Roland Geyer, Chris Wilcox *et al.*, «Plastic waste inputs from land into the ocean», *Science*, vol. 347, n.º 6.223, febrero de 2015. Disponible en: <http://science.sciencemag.org/content/347/6223/768>.

L. Lebreton, B. Slat, F. Ferrari *et al.*, «Evidence that the Great Pacific Garbage Patch is rapidly accumulating plastic», *Scientific Reports*, vol. 8, n.º 1, marzo de 2018. Disponible en: <https://www.nature.com/articles/s41598-018-22939-w>.

ONU Medio Ambiente, *El estado de los plásticos. Perspec-

tiva del día mundial del medio ambiente 2018. Disponible en: <https://wedocs.unep.org/bitstream/handle/20.500.11822/25513/state_plastics_WED_SP.pdf?sequence=5&isAllowed=y>.

Orb Media, *Con plástico: Se encuentran microplásticos en el agua embotellada de todo el mundo*. Disponible en: <https://orbmedia.org/stories/con-pl%C3%A1stico/text>.

Orb Media, *Invisibles: El plástico dentro de nosotros*. Disponible en: <https://orbmedia.org/stories/Invisibles_plastics>.

Recursos de la ONU para el Día Mundial del Medioambiente 2018 disponibles en: <https://app.xtensio.com/folio/k84r7zui>.

Roland Geyer, Jenna R. Jambeck y Kara Lavender Law, «Production, use, and fate of all plastics ever made», *Science Advances*, vol. 3, n.º 7, julio 2017. Disponible en: <http://advances.sciencemag.org/content/advances/3/7/e1700782.full.pdf>.

Sarah-Jeanne Royer, Sara Ferrón, Samuel T. Wilson y David M. Karl, «Production of methane and ethylene from plastic in the environment», *PLOS One*, vol. 13, n.º 18, agosto de 2018. Disponible en: <https://journals.plos.org/plosone/article?id=10.1371/journal.pone.0200574>.

UNEP, *Marine Plastic Debris & Microplastics: Global Lessons and Research to Inspire Action and Guide Policy Change*, Nairobi, 2016. Disponible en: <https://wedocs.unep.org/rest/bitstreams/11700/retrieve>.

UNEP, *Single-use plastics: A Roadmap for Sustainability*, Nairobi, 2018. Disponible en: <https://wedocs.unep.org/bitstream/handle/20.500.11822/25496/singleUsePlastic_sustainability.pdf?sequence=1&isAllowed=y>.

World Economic Forum, *The New Plastics Economy: Rethinking the future of plastics*, enero de 2016. Disponible en: <http://www3.weforum.org/docs/WEF_The_New_Plastics_Economy.pdf>.

Bioplásticos y plásticos oxodegradables u oxobiodegradables

Charlotte Wagner, «Bioplásticos: Tipos, aplicaciones, toxicidad y regulación de los bioplásticos utilizados en materiales en contacto con alimentos», Food Packaging Forum, junio de 2014. Disponible en: <https://www.foodpackagingforum.org/es/envasado-de-alimentos-y-salud/bioplasticos>.

European Bioplastics, «Bioplastic materials». Disponible en: <https://www.european-bioplastics.org/bioplastics/materials/>.

European Bioplastics, «Mechanical recycling». Disponible en: <https://www.european-bioplastics.org/bioplastics/waste-management/recycling/>.

European Bioplastics, «Oxo-Degradable Plastics». Disponible en: <https://www.european-bioplastics.org/bioplastics/standards/oxo-degradables/>.

European Bioplastics, «Waste management and recovery options for bioplastics». Disponible en: <https://www.

european-bioplastics.org/bioplastics/waste-management/>.

European Bioplastics, *Enzyme-Mediated Degradable Plastics*, diciembre de 2014. Disponible en: <https://docs. european-bioplastics.org/2016/publications/EUBP_ QA_enzyme-mediated_degradable_plastics.pdf>.

European Bioplastics, *Position of European Bioplastics: Marine Litter*, agosto de 2016. Disponible en: <https://docs. european-bioplastics.org/2016/publications/pp/EUBP_ pp_marine_litter.pdf>.

ONU Medio Ambiente, «Biodegradable Plastics Are Not the Answer to Reducing Marine Litter, Says UN», noviembre de 2015. Disponible en: <https://www.unenvironment.org/ news-and-stories/press-release/biodegradable-plastics-are-not-answer-reducing-marine-litter-says-un>.

Alimentación

FAO, *Emisiones de gases de efecto invernadero de la agricultura, la silvicultura y otros usos de la tierra*, marzo de 2014. Disponible en: <http://www.fao.org/assets/infographics/ FAO-Infographic-GHG-es.pdf>.

FAO, *Enfrentando el cambio climático a través de la ganadería: Una evaluación global de las emisiones y oportunidades de mitigación*, Roma, 2013. Disponible en: <http:// www.fao.org/3/a-i3437s.pdf>.

FAO, *Estimación de emisiones de gases de efecto invernadero en la agricultura: Un manual para abordar los requisitos de los datos para los países en desarrollo*, Roma, 2015.

Disponible en: <http://www.fao.org/3/a-i4260s.PDF>.

FAO, *Huella del despilfarro de alimentos*, 2013. Disponible en: <http://www.fao.org/3/a-ar428s.pdf>.

FAO, *La larga sombra del ganado: problemas ambientales y opciones*, Roma, 2009. Disponible en: <http://www.fao.org/3/a-a0701s.pdf>.

ETC Group, ¿Quién nos alimentará? ¿La red campesina alimentaria o la cadena agroindustrial?, 2017. Disponible en: <http://www.etcgroup.org/sites/www.etcgroup.org/files/files/etc-quiennosalimentara-2017-es.pdf>.

M. M. Mekonnen y A. Y. Hoekstra, (2010) «The green, blue and grey water footprint of crops and derived crop products. Volume 1: Main Report», Value of Water Research Report Series n.º 47, UNESCO-IHE, Delft, diciembre de 2010. Disponible en: <http://wfn.project-platforms.com/Reports/Report47-WaterFootprintCrops-Vol1.pdf>.

M. M. Mekonnen y A. Y. Hoekstra, (2010) «The green, blue and grey water footprint of crops and derived crop products. Volume 2: Appendices», Value of Water Research Report Series n.º 47, UNESCO-IHE, Delft, diciembre de 2010. Disponible en: <http://wfn.project-platforms.com/Reports/Report47-WaterFootprintCrops-Vol2.pdf>.

ProjectPlatforms, <http://www.project-platforms.com/files/productgallery-new.php>. (Te permite comparar la huella hídrica de diferentes alimentos.)

Impacto *fast fashion*

Greenpeace, *Fashion at the cross roads: A review of initiatives to slow and close the loop in the fashion industry*, 2017. Disponible en: <https://www.greenpeace.org/archive-international/Global/international/publications/detox/2017/Fashion-at-the-Crossroads.pdf?utm_campaign=Press%20Release&utm_source=Link&utm_medium=HK>.

Greenpeace, *Puntadas tóxicas: El oscuro secreto de la moda*, Ámsterdam, noviembre de 2012. Disponible en: <https://archivo-es.greenpeace.org/espana/Global/espana/report/contaminacion/detox.pdf>.

ONU Cambio Climático, «La ONU ayuda a la industria de la moda en su transición hacia una economía baja en emisiones», septiembre de 2018. Disponible en: <https://unfccc.int/es/news/la-onu-ayuda-a-la-industria-de-la-moda-en-su-transicion-hacia-una-economia-baja-en-emisiones>.

UNECE, «Fashion and the SDGs: what role for the UN?», Ginebra, marzo de 2018. Disponible en: <https://www.unece.org/fileadmin/DAM/RCM_Website/RFSD_2018_Side_event_sustainable_fashion.pdf>.

UNECE, «UN Alliance aims to put fashion on path to sustainability», julio de 2018. Disponible en: <http://www.unece.org/info/media/presscurrent-press-h/forestry-and-timber/2018/un-alliance-aims-to-put-fashion-on-path-to-sustainability/doc.html>.

Reciclaje: ¿adónde va nuestra basura?

Amy L. Brooks, Shunli Wang y Jenna R. Jambeck, «The Chinese import ban and its impact on global plastic waste trade», *Science Advances*, vol. 4, n.º 6, junio de 2018. Disponible en: <http://advances.sciencemag.org/content/4/6/eaat0131.full>.

ONU Medio Ambiente, «El veto de China a la importación de residuos: desafío u oportunidad», julio de 2018. Disponible en: <http://worldenvironmentday.global/es/el-veto-de-china-la-importación-de-residuos-desafío-u-oportunidad>.

Su opinión es importante.
En futuras ediciones, estaremos encantados
de recoger sus comentarios sobre este libro.

Por favor, háganoslos llegar a través de nuestra web:

www.plataformaeditorial.com

Para adquirir nuestros títulos,
consulte con su librero habitual.

«Recuperar la mayor fuerza
no para dominar, sino para dar.»*
ALBERT CAMUS

«*I cannot live without books.*»
«No puedo vivir sin libros.»
THOMAS JEFFERSON

Plataforma Editorial planta un árbol
por cada título publicado.

* Frase extraída de *Breviario de la dignidad humana* (Plataforma Editorial, 2013).

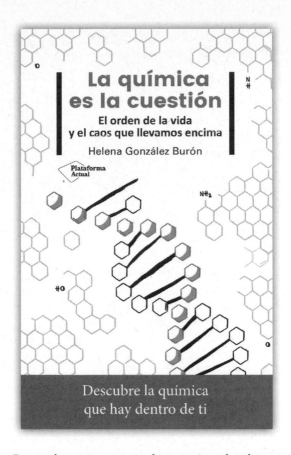

La química es la cuestión

El orden de la vida
y el caos que llevamos encima

Helena González Burón

Plataforma
Actual

Descubre la química
que hay dentro de ti

Lejos de ser un manual o un tratado al uso,
aquí explorarás los fundamentos bioquímicos
de nuestro mundo y de nuestra propia condición
como seres vivos.

LIBÉRATE DE LA CARGA MENTAL

Iria Marañón

Por la autora del *best seller*
Educar en el feminismo

Plataforma
Actual

Descubre de qué está hecho ese peso extra
que aguantas (a diferencia de los hombres)
y cómo puedes deshacerte de él

La autora analiza de qué está hecha esa carga extra
que soportan las mujeres y da consejos y pistas
para ayudarlas a deshacerse de ella.